음표에 걸린 세계사

이광희 지음 | 박우희 그림

푸른숲주니어

클래식 속에 숨겨진 놀라운 역사 이야기

대한민국 교향시 관악구 현악로. 음악적으로 뭔가 심상치 않아 보이는 그곳에 메아리 중학교가 있다. 메아리 중학교에는 역사와 전통을 자랑하는 방송반이 있는데, 그 방송반에 피아니스트가 꿈인 아나운서 반음표가 있다.

새 학기를 맞아 참신한 프로그램을 선보이고 싶은 음표. 음표는 누구나 쉽게 들을 수 있는 클래식 프로그램을 만들면 어떨까 생각했다. 음표가 그런 생각을 한 데는 다 그만한 이유가 있었는데…….

음표 엄마는 비가 오나 눈이 오나, 밥을 할 때나 밥을 먹을 때나 주야장천 클래식 음악을 들었다. 그래서 음표도 좋으나 싫으나 클래식 음악을 자주 들어야만 했다. 처음에는 작곡가 이름도 어렵고, 가사도 없

어서 따분하기만 했다. 하지만 자꾸 듣다 보니, 아는 곡이 하나둘 생기면서 차츰차츰 클래식 음악에 흥미를 느끼기 시작했다. 아주아주 가끔씩이지만 가슴을 후벼 팔 만큼 감미로운 곡이 들릴 때도 있었다.

음표는 방송반에서 프로듀서로 활동하는 단짝 친구 오선지와 이 아이디어를 상의했다. 선지는 좋은 생각이라면서 박수를 짝짝 쳤다. 그러고는 클래식 음악만 소개하지 말고 그것과 관련 있는 역사 이야기를 들려주는 게 어떻겠느냐며 한술 더 떴다.

음표와 선지는 곧바로 프로그램 기획안을 만든 뒤, 교내 오케스트라 지휘자로 활동하고 있는 음악 선생님(학생들 사이에선 엉클 쌤이라고 불린다.)에게 가져갔다. 기획안을 본 선생님은 두 눈을 똥그랗게 뜨더니, "정말로 참신한 기획이야."라며 기꺼이 해설을 맡아 주겠노라고 했다.

이를 어쩔? 출연 제의를 한 건 아닌데! 하지만 뭐, 어쩔 수 없었다. 본인이 발 벗고 나서겠다는데, 굳이 말릴 것까지야. 음악 선생님이 좀 엉뚱한 데가 있긴 해도 클래식 음악에 관해선 아주 희박한, 아니 해박한 지식을 가지고 있어서 그나마 다행이었다.

이렇게 해서 프로듀서 오선지가 연출하고, 아나운서 음표가 진행하고, 엉클 쌤이 해설을 맡은 '음표에 걸린 세계사'가 바야흐로 전파를 타게 되었다.

오늘은 '음표에 걸린 세계사' 첫 방송이 있는 날! 아나운서 음표는

두근거리는 가슴을 안고 마이크 앞에 앉아 오선지 피디의 시작 사인을 기다리고 있다.

음표는 과연 어떤 작곡가의 음악을 들려줄까? 그 곡에는 어떤 역사적 사연이 숨겨져 있을까?

우리, 다 같이 음표에게 시작 사인을 보내 보자. 셋, 둘, 하나, 큐! ☞

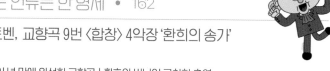

1

베토벤이 나폴레옹을 만났을 때

베토벤, 교향곡 3번 〈영웅〉

메아리 친구들, 안녕하세요? '음표에 걸린 세계사' 진행을 맡은 반음표입니다. 여러분은 클래식 음악 하면 어떤 생각이 드나요? 따분하거나 어렵게 느껴지나요? 그렇다면 귀를 쫑긋하고 방송을 들어 보세요. 어느 순간 나도 모르게 클래식 음악이 친근하게 느껴질 거예요. 클래식 음악 속에 숨겨진 역사를 찾아 떠나는 여행, 그 첫 번째 시간입니다. 클래식 여행의 길잡이, 엉클 쌤 모셨습니다. 쌤, 어서 오세요.

 안녕하세요? 엉클 쌤입니다.

 쌤, 오늘이 '음표에 걸린 세계사' 첫 시간인데요. 본격적으로 이야기를 나누기 전에, 진짜 궁금해서 그러는데요. 뭐 하나 여쭤 봐도 돼요?

 그럼요, 무엇이든 물어보세요.

 클래식 음악이 정확히 뭐예요?

음표 학생이 굉장히 중요한 질문을 했네요. 우리나라에서 클래식 음악은 서양의 예술 음악을 의미합니다. 고전 음악이라고도 부르죠. 하지만 서양에서는 시대마다 부르는 명칭이 달라요.

 어떻게요? 아빠가 부를 때는 꿀돼지, 엄마가 부를 때는 두꺼비, 뭐 그런 건가요?

 하하, 그런 건 아니고요. 가령 바흐와 헨델 시대의 음악은 바로크 음악, 모차르트와 베토벤 시대는 고전 음악, 쇼팽과 브람스 시대는 낭만 음악, 이렇게 구분해서 부르죠. 그러니까 만약에 음표 학생이 외국에 나가서 "내 취미는 클래식 음악 감상이야."라고 서양인 친구에게 말하면, 그 친구는 "아, 너는 모차르트와 베토벤 시대의 음악을 좋아하는구나." 이렇게 받아들이겠죠.

 아, 그렇겠네요. 쌤, 이번에는 '음표에 걸린 세계사'가 어떤 프로그램인지 간단히 소개해 주시겠어요?

 클래식 음악 가운데 역사를 주제로 작곡된 작품이 꽤 많은데요. 그런 작품의 탄생 배경과 그 속에 숨겨진 역사 이야기를 알아보는 프로그램이라고 할 수 있죠.

 오호, 클래식 음악을 들으면서 세계사를 공부하는 시간이 되겠네요? 그런데 클래식 음악은 주로 신에 대한 찬미라든가, 아지랑이 피어오르는 봄의 정취라든가, 사랑의 기쁨이나 이별의 아픔 같은 감정을 표현하지 않나요? 역사적 사건을 주제로 작곡을 한다는 게 이해가 잘 안 되는데요.

 이해를 돕기 위해 그림 이야기를 해 볼까요? 스페인 출신의 화가 피카소 알죠?

 당연히 알죠. 20세기 최고의 육체파 화가잖아요.

 음, 육체파가 아니고 입체파 화가입니다. 암튼 피카소가 그린 그림 중에 〈게르니카〉라는 작품이 있습니다. 이 그림을 처음 접하면 '아, 잘은 모르겠지만 인간 세상의 고통을 표현한 것 같다.'고 생각할 수 있어요. 뭐, 아주 틀린 말은 아닙니다. 하지만 작품의 탄생 배경을 알면 그 그림이 달리 보일 거예요.

 〈게르니카〉가 탄생하게 된 배경을 알면 그림이 달리 보인다

고요?

그렇습니다. 〈게르니카〉는 1930년대 스페인에서 내전이 벌어졌을 때 비행기 폭격으로 학살당한 게르니카 사람들의 모습을 그린 작품입니다. 피카소는 학살자의 만행을 고발하기 위해 이 그림을 그렸지요. 이런 역사적 배경을 알고 나서 작품을 보면 더 깊이 공감할 수 있을 거예요. 클래식 음악에도 〈게르니카〉처럼 혁명과 전쟁을 배경으로 한 곡들이 꽤 많습니다.

네, 알겠습니다. 첫 번째로 소개해 주실 곡은요?

음표 학생, 혹시 인류 역사에서 최고로 손꼽히는 교향곡이 무엇일 것 같아요?

따따따딴~ 따따따딴~, 베토벤의 〈운명〉 교향곡 아닌가요?

땡! 아닙니다. 2016년에 영국 BBC 방송에서 전 세계 지휘자 백오십일 명을 대상으로 역대 최고의 교향곡이 뭔지 묻는 설문 조사를 했는데요. 베토벤의 교향곡 3번 〈영웅〉이 1위에 꼽혔습니다. 베토벤이 나폴레옹한테 바쳤던 곡이지요. 그런데 나폴레옹이 하는 짓을 보고는 화가 나서 악보의 표지를 북북 찢었다네요.

아, 어쩌다 그런 일이……! 암튼 오늘의 주제는 베토벤의 〈영웅〉 교향곡인가 보군요. 그러고 보니 쌤 헤어스타일이 베토벤을 닮았어요.

그래요? 그래서 그런가? 제가 배 씨인데, 저보고 베토벤 배 씨 아니냐고 묻는 사람들이 더러 있습니다. 하하!

 쌤, 엉클 개그 그만하시고요. 베토벤에 대해 먼저 소개를 해 주시죠.

 네, 베토벤은 1770년에 독일 본에서 태어나 오스트리아 빈 에서 활동한 작곡가입니다. 피아노 소나타 〈비창〉, 〈월광〉, 바이올린 소나타 〈봄〉, 피아노 협주곡 〈황제〉 등 수많은 명 곡을 남겼죠. 청력을 잃은 뒤에도 〈영웅〉, 〈운명〉, 〈합창〉 같은 교향곡을 작곡해 음악의 성자로 불립니다. 이런 베토 벤이 왜 나폴레옹에게 헌정한 〈영웅〉 교향곡의 표지를 북북 찢었을까요? 저, 엉클 쌤과 함께 지금 만나 보시죠.

절망에 빠진 나를 붙든 건 오직 예술뿐

베토벤은 스물두 살에 고향인 독일의 본을 떠나 오스트리아 빈에 정착합니다. 그 당시 빈은 음악의 수도라고 할 만큼 작곡과 연주가 활 발한 곳이었지요. 그곳에서 베토벤은 피아니스트와 작곡가로 이름을 날립니다. 베토벤보다 앞서 그곳에서 활동했던 하이든, 모차르트와 어깨를 나란히 했답니다.

무엇보다 뛰어난 연주 실력으로 빈의 청중들을 사로잡았어요. 그때도 요즘처럼 사람들 앞에서 연주 배틀을 벌였는데, 베토벤은 매우 강렬하고 현란한 연주로 상대를 압도했다고 합니다.

그런 그에게 말 못 할 고민이 하나 있었는데요. 이십 대 중반부터 청력이 나빠지기 시작한 거예요. 삼십 대가 되어서는 귀가 거의 들리지 않게 되었어요. 그는 깊은 괴로움에 빠졌지요. 소리를 듣지도 못하면서 무슨 작곡을 하느냐며 비웃음을 살까 봐 두렵기도 하고요. 누구에게 말도 못 하고 혼자 끙끙 앓다가 친구에게 그 사실을 털어놓습니다.

"이제 나는 극장에서 배우들의 말을 알아듣지 못하네. 밤낮으로 윙윙거리는 소리에 시달리느라 죽을 것만 같아."

그렇게 괴로운 나날을 보내고 있던 베토벤은 1802년에 의사의 권유로 빈에서 조금 떨어진 하일리겐슈타트로 요양을 떠납니다. 그곳에서 죽을 결심을 하고 동생들에게 유서를 쓰지요. 이것이 바로 그 유명한 〈하일리겐슈타트 유서〉랍니다.

"남들보다 더 온전해야 할 내 청각이 이리 무뎌지다니! 난 이런 상황을 더 이상 견딜 수가 없어. 그래서……."

자살했냐고요? 아닙니다. 고뇌 끝에 그는 예술이라는 끈을 잡고 그 깊은 절망의 늪에서 어렵사리 빠져나옵니다.

"절망에 빠진 나를 붙드는 건 예술뿐이다. 내게 주어진 작품을 다 끝내기 전에는 결코 세상을 떠나지 않겠어."

일 년 만에 하일리겐슈타트에서 돌아온 베토벤은 자신을 구원해 줄 새 교향곡을 쓰기 시작합니다. 그 곡은 한 영웅에 관한 것이었는데요.

그 영웅은 베토벤의 머릿속에 웅장한 모습으로 등장한 뒤 시련 속에 죽어 가다가 찬란하게 부활하지요.

베토벤이 그린 영웅은 누구일까요? 바로 나폴레옹 보나파르트였습니다.

그는 이제 나의 영웅이 아니야!

베토벤은 인간은 누구나 자유롭고 평등해야 한다고 생각했습니다. 하지만 그 시절에 평민들은 자유와 평등을 누리지 못했지요. 왕이 허

락하지 않았기 때문이에요. 그런데! 1789년에 프랑스에서 대혁명이 일어나면서 세상이 확 뒤집혔습니다.

프랑스 혁명이 성공하자 왕정이 무너지면서 영주에게 노예처럼 묶여 있던 사람들이 자유를 얻었어요. 마침내 귀족과 평민의 구별이 없는 평등한 세상이 되는 듯했답니다.

이를 지켜보던 이웃 나라들은 프랑스 혁명의 여파가 자기 나라로 번질 것을 두려워한 나머지, 서로 동맹을 맺고서 프랑스를 공격했어요. 이 와중에 옛 왕정을 지지하는 왕당파는 폭동을 일으켰고요. 프랑스 혁명이 물거품이 될지도 모르는 아슬아슬한 찰나에 짜자잔! 하고 영웅이 등장했습니다. 바로 포병 장교 출신의 나폴레옹이에요. 그는 왕당파의 반란을 단숨에 진압하고, 혁명 정부를 무너뜨리려는 이웃 나라 군대와 싸워서 당당하게 승리를 거두었답니다.

나폴레옹은 정복 전쟁을 벌이면서 프랑스의 혁명 정신인 자유와 평등, 우애 등의 사상을 이웃 나라에 널리널리 전파했어요. 이런 나폴레옹의 모습은 베토벤에게 프랑스 혁명 정신을 전파하고 구현할 영웅 그 자체였습니다!

1804년에 베토벤은 영웅의 모습을 그린 교향곡을 완성했는데요. 표지에다 주저 없이 '보나파르트'라고 썼지요. 나폴레옹에게 바친다는 의미에서요.

그리고 얼마 뒤 자신을 후원하는 공작의 정원에서 성공적으로 연주회를 마쳤습니다. 이제 극장에서 대중들에게 공개적으로 선보일 일만 남은 상황이었지요. 그런데 바로 그때, 제자로부터 충격적인 소식을 전해 듣습니다.

"선생님, 나폴레옹이 제국을 선포하고 스스로 황제가 되었답니다."

"뭐라고?"

베토벤은 너무너무 화가 나서 소리를 바락 질렀습니다.

"나폴레옹도 역시 평범한 인간에 지나지 않는군. 이제 그도 인간의 권리를 짓밟고 자신의 야망만을 좇는 독재자가 될 거야!"

1804년 12월, 프랑스 혁명이 일어난 지 십오 년 만에 나폴레옹은 스스로 황제의 관을 쓰고 황위에 올랐어요. 이에 실망한 베토벤은 피아노 위에 놓인 새 교향곡의 표지를 북북 찢어 바닥에다 내팽개쳐 버렸답니다. 혁명 정신을 배반하고 스스로 황제가 된 나폴레옹은 더 이상 자신에게 영웅이 될 수 없었던 거지요.

베토벤은 표지에 〈에로이카〉라고 새 제목을 적어 넣었습니다. 에로이카는 '영웅'이라는 뜻이에요. 베토벤에게 새로운 영웅은 자유와

영웅이 아니라 독재자였어!

평등을 위해 싸웠던, 모든 이름 없는 사람들이었답니다.

프랑스 혁명의 불길이 타오르다

그런데 프랑스 혁명은 왜 일어났을까요? 가장 큰 이유는 나라에 돈이 부족했기 때문이에요. 돈이 왜 부족했냐고요? 왕과 왕비가 사치를 해서 그렇기도 하고, 미국의 독립 전쟁을 지원하느라 돈을 많이 써서 그렇기도 하고요.

그 당시에는 성직자와 귀족은 세금을 내지 않았어요. 프랑스 왕 루이 16세는 세금 제도를 개혁하기 위해 백칠십오 년 동안 한 번도 열리지 않던 삼부회를 소집했답니다. 삼부회가 뭐냐고요? 제1신분인 성직자, 제2신분인 귀족, 제3신분인 평민 대표가 모여 나랏일을 논의하는 모임이에요.

평민 대표들이 성직자와 귀족도 세금을 내야 한다고 주장하자, 귀족들은 왕을 꾀어 그들을 쫓아내려 했어요. 그때 평민 대표들은 테니스 코트에 모여 새 헌법을 만들어 달라고 호소하고 있었는데요. 왕이 군대를 불러 강제로 해산하려 했지요.

이 소식이 알려지자 파리 시민들이 똘똘 뭉치기 시작했답니다. 그러다 1789년 7월 14일에 바스티유 감옥을 습격했어요. 바야흐로 프랑스 혁명의 불길이 활활 타오르기 시작한 거예요.

장 피에르 우엘의 〈바스티유 감옥 습격〉

바스티유 감옥으로부터 피어오른 혁명의 불길은 빠르게 프랑스 전역으로 번져 나갔지요. 무거운 세금으로 고통받던 농민들은 영주의 저택을 부수고, 봉건적인 계약 내용이 적힌 문서를 불태웠어요.

나아가 평민 대표들은 '인간과 시민의 권리 선언'을 발표했답니다. 그 선언의 핵심 내용은 이래요.

"인간은 태어날 때부터 누구나 자유로우며, 그 권리에 있어서도 모두가 평등하다."

지금 보면 너무나 당연한 얘기지요? 하지만 그 무렵에는 이 당연한 선언문을 채택되게 하느라 수천 명이 목숨을 잃었다고 해요.

혁명 세력 안에는 왕을 지지하는 왕당파와 공화정을 세우려는 공화파가 있었는데요. 마침내 공화파가 왕당파를 무너뜨리고 공화정을 수립했지요. 공화정은 우리나라처럼 국민이 선출한 대표가 나라를 이끌어 가는 정부를 말해요.

그 후 공화파는 다시 급진적 성향의 좌파와 온건한 성향의 우파로 갈라졌어요. 권력을 잡은 급진파의 리더 로베스피에르는 왕 루이 16세와 왕비 마리 앙투아네트를 단두대에 세웠습니다. 세상에, 혁명을 방해하는 사람들까지 모두 다요.

이토록 무시무시하기 짝이 없는 로베스피에르의 공포 정치는 일 년 만에 막을 내렸어요. 공포 정치에 반기를 든 세력에 의해 그도 역시 단두대에서 목이 잘리고 말았거든요.

게다가 프랑스는 혁명을 하던 중에 이웃 나라와 전쟁을 치러야 했어요. 혁명하다 말고 웬 전쟁이냐고요? 프랑스에서 혁명이 일어나 왕과 왕비의 목이 단두대에서 잘렸다는 소식이 퍼지자, 이웃 나라 왕들은 경악을 금치 못했답니다. 혹시라도 혁명의 여파가 자신들의 나라에까지 미치게 될까 봐 지레 겁을 먹고 전전긍긍했지요. 그들은 대프랑스 동맹을 맺고 다 같이 프랑스로 쳐들어갔습니다.

나폴레옹, 포병 장교에서 황제로

그래서 어떻게 되었냐고요? 놀랍게도 한낱 포병 장교였던 나폴레옹이 프랑스 남부 항구에서 영국과 스페인 동맹군을 가볍게 물리쳤어요. 외국으로 도망갔던 왕당파가 파리로 돌아와서 폭동을 일으켰을 때도 가뿐하게 진압을 했고요.

그 공으로 나폴레옹은 이탈리아 원정 사령관이 되었답니다. 그 후 이탈리아 북부에 주둔 중인 오스트리아 군대를 격파하고, 오스트리아 빈까지 점령을 했지요. 승전 소식이 연이어 파리에 전해지자 나폴레옹의 인기는 하늘을 찔렀어요.

공화정 정부는 나폴레옹이 승승장구하는 모습을 보면서 흐뭇해하다가도 뭔가 불안한 느낌이 들었습니다.

'설마 인기 좀 있다고 딴 꿍꿍이를 품는 건 아니겠지?'

자크 루이 다비드의 〈알프스산맥을 넘는 나폴레옹〉

이런 생각을 지울 수가 없었지요. 그래서 나폴레옹을 일부러 이집트로 보내 버리는데요.

나폴레옹은 이집트에서 프랑스의 상황을 가만히 주시하다가, 이때다! 싶은 순간이 오자 정부에 보고도 하지 않은 채 귀국한 뒤 쿠데타를 일으켰어요.

마침내 쿠데타에 성공한 나폴레옹은 대프랑스 동맹국에 전쟁을 멈추자고 먼저 제안을 했습니다. 하지만 그들은 나폴레옹의 제안을 단박에 무시해 버렸지요. 그러자 나폴레옹은 눈 덮인 알프스산맥을 넘어 이탈리아 원정에 나섰답니다. 이천 년 전에 카르타고의 명장 한니발이 코끼리를 타고 로마로 진격했던 것처럼요. 부하들이 극구 말렸지만 나폴레옹은 "내 사전에 불가능은 없다!"는 그 유명한 말을 내뱉으며 담대하게 알프스를 넘었지요.

1804년 12월, 이탈리아 원정을 멋지게 마무리하고 프랑스로 돌아온 나폴레옹은 제국을 선포하고 황제 자리에 올랐어요. 이것 때문에 베토벤에게 욕을 한바탕 먹은 거예요.

그 후 나폴레옹은 신체의 자유와 사유 재산권 존중 등을 담은 법전을 편찬했는데요. 훗날 근대 법전의 모델이 되었어요. 중앙 은행을 세워서 재정을 튼튼히 하고, 곳곳에 학교를 세워 평민들의 교육 기회를 넓히는 등 근대 국가로 가는 길을 닦았답니다. 전쟁을 벌이는 동안에는 프랑스 혁명 정신인 자유, 평등, 우애의 정신을 온 유럽에 전파했고요. 나폴레옹이 단순한 정복자가 아니라 영웅으로 불리는 건 이런 업적을 이루었기 때문이에요.

교향곡의 새로운 역사를 쓴 〈영웅〉

 베토벤이나 나폴레옹 얘기는 예전에 위인전에서 읽은 것 같기도 한데, 쌤의 해설을 들으니까 무척 새롭네요. 〈영웅〉교향곡에 엄청난 사연이 있었군요. 그래서 〈영웅〉이 대단한 곡이라는 거예요?

 네, 우선 곡이 길어요. 이전의 교향곡은 연주하는 데 삼십 분을 넘지 않지만, 〈영웅〉은 오십 분을 훌쩍 넘기거든요. 교향곡의 역사는 〈영웅〉 이전과 이후로 나눌 수 있다고 할 정도니까 대단한 곡이 맞지요.

 음, 곡의 길이가 길다고 대단하다는 건 좀……. 가방 크다고 다 공부 잘하는 건 아니잖아요.

 단순히 길어서 대단하다는 건 아니고요. 그 긴 곡 안에 고난과 역경을 이겨낸 영웅의 모습이 고스란히 담겨 있으니까요. 이전 교향곡들에서 볼 수 없었던 파격적이고 혁신적인 구성을 띠었다고 평가받거든요.

 쌤 해설을 들으니까, 베토벤이 영웅의 모습을 어떻게 표현했는지 너무너무 궁금하네요. 첫 시간에 대한 소감을 한 말씀 듣고 빨리 들어 봐야겠어요.

 방송은 처음이라 조금 긴장했는데, 내가 클래식 음악에 워낙 해박한 지식을 갖고 있다 보니 금방 적응을 했습니다.

 이제 진짜로 마쳐야 할 시간입니다. 〈영웅〉 교향곡 들으면서 인사 드릴게요. 다음 시간에 만나요. 안녕~.

♪ 방송이 끝나고 난 뒤 ♪

쌤, 수고 많으셨어요. 근데 인터넷에 보니까 북북 찢은 게 아니라 박박 지웠다던데요.

북북이냐 박박이냐가 중요한 게 아니고, 프랑스 혁명을 배신한 나폴레옹을 마음속에서 지웠다는 사실이 중요한 거야.

그런데 베토벤은 귀도 안 들리는데 어떻게 작곡을 했대요?

마음의 소리라고나 할까? 내면의 소리는 들을 수 있거든. 나도 해 보니까 되더라고. 에헴!

아휴, 정말 대단하시네요. 조회 수 백만 못 찍으면 바로 단두대행인 거 아시죠? 공포의 오선지 피디한테.

ㅋㅋㅋㅋㅋ

허걱, 정말이니?

그럼요, 하하하.

러시아엔 영광, 프랑스엔 굴욕

2

차이콥스키, 〈1812년 서곡〉

친구들, 안녕하세요? '음표에 걸린 세계사' 진행을 맡은 반음
표입니다. 지난 시간은 처음이라 조금 떨렸는데요. 오늘은
한결 나아진 듯합니다. 자, 오늘도 엉클 쌤과 함께합니다.
어서 오세요.

 안녕하세요? 삼촌처럼 친근한 쌤, 엉클 쌤입니다.

 어머, 엉클 쌤이 그런 뜻이었어요? 베토벤 배 씨 얘기를 하
시길래, 저는 엉뚱한 클래식 쌤인 줄 알았거든요. 암튼 지난
시간에 베토벤의 〈영웅〉 교향곡에 숨은 역사 이야기 들어
봤는데요. 오늘은 어떤 이야기를 들려주실 건가요?

 음표 학생, 혹시 전 세계에서 연주되지만 유독 프랑스에서
만 연주되지 않는 곡이 있다는 걸 아나요?

 음, 글쎄요. 잘 모르겠는데요. 헤헤.

 러시아 작곡가 차이콥스키가 작곡한 〈1812년 서곡〉입니다.

오늘은 차이콥스키 이야기를 해 주실 건가 보군요. 저도 차이콥스키 무척 좋아해요. 제 꿈이 모스크바 볼쇼이 발레단의 수석 발레리나가 되는 거거든요.

 어, 음표 학생 꿈이 피아니스트인 걸로 아는데…….

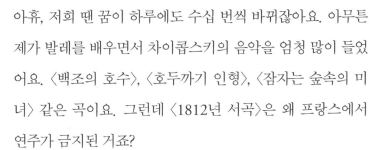 아휴, 저희 맨 꿈이 하루에도 수십 번씩 바뀌잖아요. 아무튼 제가 발레를 배우면서 차이콥스키의 음악을 엄청 많이 들었어요. 〈백조의 호수〉, 〈호두까기 인형〉, 〈잠자는 숲속의 미녀〉 같은 곡이요. 그런데 〈1812년 서곡〉은 왜 프랑스에서 연주가 금지된 거죠?

 프랑스 국민들을 불편하게 만들어서 그런 것 같습니다.

 아니, 곡에 가사가 있는 것도 아닌데 어떻게 국민들을 불편하게 만든다는 거죠? 혹시 첼로가 프랑스 싫어, 잉잉…….
이러나요? 아니면 트럼펫이 프랑스 부숴 버릴 거야, 빵빵!
이런다든가.

 하하, 그런 건 아니고. 그 곡의 주제와 선율 때문입니다.

 〈1812년 서곡〉에 어떤 이야기가 담겨 있길래 그러는 건지 몹시 궁금한데요. 차이콥스키에 대해 간단히 알아보고 바로 이야기 들도록 하죠.

참, 친구들, '음표에 걸린 세계사' 시간엔 딴 데 가지 마세용~. 차이콥스키는 1840년에 러시아에서 태어난 작곡가입니다. 상트페테르부르크 음악원에서 작곡을 공부했고, 모스크바 음악원에서 교수로 활동했습니다. 〈백조의 호수〉, 〈호두까기 인형〉, 〈잠자는 숲속의 미녀〉 등의 발레 음악과 〈피아노 협주곡 1번〉, 교향곡 6번 〈비창〉, 〈1812년 서곡〉 등 유명한 곡을 작곡했죠. 오늘날 러시아를 대표하는 작곡가로 손꼽히는데요. 〈1812년 서곡〉이 왜 프랑스에서 연주되지 못하는지 지금부터 알아보도록 합시다.

한밤중에 찾아온 달갑지 않은 친구

1880년 어느 가을밤, 차이콥스키의 집에 한 신사가 찾아옵니다. 차이콥스키의 멘토이자 친구인 작곡가 루빈스타인이었죠. 그는 차이콥스키를 모스크바 음악원 교수로 추천하고, 모스크바에 무사히 정착하도록 물심양면으로 도와준 사람입니다. 그런 친구가 찾아오면 반가울 법도 한데, 어째 차이콥스키의 얼굴이 밝지가 않습니다. 왜 그럴까요?

몇 년 전에 차이콥스키는 피아노 협주곡을 작곡한 뒤 루빈스타인에게 악보를 가져간 적이 있어요. 작품이 꽤 괜찮게 나온 것 같아서 내

심 자랑도 하고 싶고 조언도 받을 겸 해서 들고 간 것이지요. 악보 표지에 루빈스타인에게 헌정한다는 문구까지 써서요. 그런데 악보를 훑어본 루빈스타인은 대뜸 해서는 안 될 말을 내뱉고 맙니다.

"두세 군데 빼곤 쓸 만한 게 없군. 이건 곡이 아니라 쓰레기야. 연주하기 어렵겠어. 내가 일러 주는 대로 몇 군데를 고치면 또 모를까."

차이콥스키는 자기 곡에 대한 자부심이 대단히 강한 사람이었습니다. 어린 시절에 가정 교사로부터 유리알처럼 깨지기 쉬운 아이라는 말을 들을 정도로 감성이 여리고 예민한 성격이었고요. 게다가 엄연히 러시아를 대표하는 작곡가로 우뚝 서 있는 상황인데, 그토록 무례한 말을 들었으니 도저히 참을 수가 없었지요.

머리끝까지 화가 난 차이콥스키는 집에 돌아오자마자 악보의 표지를 박박 찢어 버립니다. 어쩌면 나폴레옹에게 헌정하려던 교향곡의 표지를 북북 찢은 베토벤보다 더 화가 났을지도 모르지요.

어쨌거나 단 한 곳도 고치지 않겠다고 다짐하고는 그 곡을 다른 피아니스트에게 헌정합니다. 머지않아 그 곡은 미국에서 연주되어 엄청난 성공을 거두어요. 시쳇말로 대박이 난 거죠!

그로부터 몇 년이 흐른 후, 루빈스타인은 차이콥스키를 찾아와 큼큼 헛기침을 몇 차례 하고서 어렵사리 말을 꺼냅니다.

"그때는 말일세, 내가 좀 경솔했어. 그런 대곡을 작곡하면서 나에게 미리 상의도 안 한 게 좀 그래서……."

차이콥스키는 여전히 마뜩잖았지만 자신을 찾아온 용건이나 들어볼 셈으로 이렇게 물었습니다.

"그래, 무슨 일인가?"

"황실에서 자네에게 작품을 의뢰했네."

"황실에서?"

"자네도 알다시피, 내후년이 전승 70주년이 아닌가? 황실에선 전승 70주년을 기념해 구세주 그리스도 대성당을 완공할 계획이라네. 때맞추어 예술 산업 박람회도 개최될 예정인데, 그때 축전 음악으로 쓸 서곡을 작곡해 달라는군. 그 곡을 작곡할 사람이 러시아에 자네 말고 누가 더 있겠나?"

루빈스타인이 쓰레기라고 혹평했던 〈피아노 협주곡 1번〉이 이미 기대 이상의 성공을 거둔 터라, 차이콥스키는 그간의 앙금을 털어내고 그의 작곡 의뢰를 기꺼이 받아들입니다.

러시아와 프랑스의 선율 전쟁

　여기서 루빈스타인이 말한 전승 70주년은 무얼 가리키는 걸까요? 그것은 칠십 년 전에 러시아가 나폴레옹 군대를 물리친 일을 말합니다. 나폴레옹은 러시아 원정에 패배하면서 몰락의 길을 걷게 되었지요. 유럽 최강의 나폴레옹 군대를 물리친 러시아인들의 자부심은 그야말로 대단했습니다. 어릴 때부터 그 이야기를 듣고 자란 차이콥스키도 마찬가지였고요.

　차이콥스키는 빈 악보를 펼쳐 놓은 채 두 눈을 감고 조용히 1812년의 전쟁을 상상해 봅니다. 머릿속에서 러시아와 프랑스를 상징하는 선율이 차례로 등장하는데요. 먼저 외적의 침입을 받은 러시아의 상황을 드러내기 위해 러시아 정교회의 구슬픈 성가가 흘러나옵니다. 뒤이어 프랑스 군대의 침공을 상징하는 프랑스 국가 〈라 마르세예

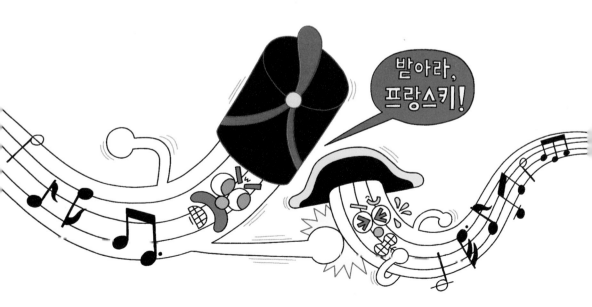

즈〉 선율이 등장하지요. 그다음에는 항전을 암시하는 경쾌한 리듬의 러시아 민속 음악이 나오면서 두 선율이 맞부딪칩니다.

두 나라 선율이 교차하며 치열한 전투를 벌인 끝에, 마침내 러시아 선율이 프랑스 선율을 압도해 버립니다. 〈라 마르세예즈〉는 어느덧 사그라들고, 러시아 제국의 국가인 〈주여, 차르를 보호하소서〉의 선율이 힘차게 나타나지요. 그와 동시에 모스크바의 모든 성당에서 종소리가 울려 퍼지고, 그 박자에 맞춰 열여섯 발의 대포 소리가 프랑스군을 완전히 몰아내어요. 끝으로 모스크바를 지킨 러시아 민중들이 다 같이 환호합니다.

차이콥스키는 이런 내용이 담긴 〈1812년 서곡〉을 육 주 만에 완성하는데요. 이 곡은 전승 70주년인 1882년에 예술 산업 박람회 개막을 축하하는 음악회에서 처음으로 연주됩니다. 그 후 이 곡은 러시아에서는 영광을, 프랑스에서는 치욕을 상징하는 곡이 되었지요.

유럽의 역사를 뒤흔든 나폴레옹 전쟁

말하자면 〈1812년 서곡〉은 나폴레옹과 깊은 관련이 있는 셈이에요. 나폴레옹이 1804년에 스스로 프랑스 황제가 되었다는 얘기는 앞에서 했지요? 그는 세계를 제패하리라는 야무진(?) 꿈을 품고서 이십 년 동안 온 유럽을 들쑤시고 다니면서 전쟁을 벌였어요. 오스트리아

와 영국, 러시아, 프로이센 등 유럽의 여러 나라는 일곱 차례나 대프랑스 동맹을 맺으면서 나폴레옹 군대에 맞서 싸웠지요. 그중에서 나폴레옹을 가장 성가시게 만든 나라는 영국이었는데요. 영국은 섬나라인지라 바다로 둘러싸여 있어서 쉽게 쳐들어갈 수가 없었거든요.

하지만 나폴레옹이 누구예요? 내 사전에 불가능은 없다! 다들 기억하지요?

나폴레옹 군대는 스페인 해안가 트라팔가르에서 영국 함대와 격렬하게 전투를 치렀어요. 그때 영국 함대에는 영국의 이순신으로 불리는 넬슨 제독이 있었답니다. 그는 비록 트라팔가르 해전에서 전사했지만, 장렬하게 맞서 싸워 준 덕분에 영국은 더 이상 프랑스의 침공을 받지 않게 되었지요.

트라팔가르 해전에서 패한 나폴레옹은 두 달 뒤에 오스트리아와 러시아 동맹군을 격파하기 위해 동쪽으로 진군했어요. 지금의 체코에

프랑스 파리 샹젤리제 거리에 있는 에투알 개선문

있는 아우스터리츠에서 러시아·오스트리아 연합군과도 전투를 치렀지요. 이 전투는 프랑스·오스트리아·러시아의 세 황제가 모여 전투를 치렀다고 해서 '삼제 회전'이라고도 불러요.

사실 나폴레옹은 이 전투에서 가장 빛나는 승리를 거두었어요. 그날이 황제가 된 지 딱 일 년째 되는 날이어서, 승리를 기념하기 위해 파리에다 개선문을 세우라고 명했지요. 이때부터 나폴레옹은 이 세상의 그 누구도 자신의 세계 정복을 멈출 수 없다는 망상을 갖게 되었답니다. 그 망상이 훗날 처절한 패배를 불러오게 되지만요.

아우스터리츠 전투에서 승리한 나폴레옹은 독일과 오스트리아 지역을 아우르던 신성 로마 제국을 해체시켰어요. 신성 로마 제국은 사실 이름만 그럴듯했지, 실속은 별로 없는 제국이었는데요. 프랑스 계몽주의 철학자 볼테르가 '신성하지도 않고, 로마도 아니고, 제국도 아니다.'라고 깎아내릴 정도였지요.

어쨌거나 나폴레옹이 신성 로마 제국을 해체하자 독일 지역에서 '동네 형' 노릇을 하던 프로이센 왕국이 뿔이 나서 나폴레옹 군대와 한판 붙었어요. 결과는? 나폴레옹 군대가 프로이센군을 손쉽게 격파하고 프로이센의 수도 베를린에 당당히 입성했답니다.

그 후 나폴레옹은 영국을 경제적으로 고립시키기 위해 대륙 봉쇄령을 공표했어요. 영국이 유럽의 여러 국가와 무역을 하지 못하도록 모든 항구를 막아 버릴 속셈이었지요.

하지만 대륙 봉쇄령은 효과를 전혀 거두지 못했어요. 그 무렵 아시아와 아프리카에 수많은 식민지를 거느리고 있던 영국은 유럽 국가들과 무역을 하지 않아도 먹고사는 데 조금도 지장이 없었거든요.

오히려 유럽의 다른 나라들이 곤란을 겪었지요. 포르투갈과 스페인은 대륙 봉쇄령을 어기고 영국과 몰래 무역을 하기까지 했어요. 그러자 나폴레옹이 군대를 급히 파견했고, 스페인에서는 유격대를 조직해 맞서 싸웠답니다.

얼마 뒤엔 러시아가 영국과 몰래 물건을 사고팔았어요. 화가 난 나폴레옹은 1812년에 육십만 대군을 이끌고 러시아 원정을 떠났지요.

아돌프 노르텐의 〈모스크바에서 퇴각하는 나폴레옹〉

하지만 지독한 추위와 전염병, 식량 부족 때문에 처절하게 패하고 말
았습니다. 아우스터리츠 전투가 나폴레옹의 가장 빛나는 승리였다
면, 러시아 원정은 가장 큰 패배이자 몰락의 전주곡이었던 셈이에요.

나폴레옹의 몰락과 빈 체제

러시아 원정 실패로 나폴레옹은 무릎이 꺾이고 말았습니다. 패배
소식이 유럽 전역으로 퍼지자 모든 동맹국이 파리로 쳐들어갔지요.
그들은 파리를 점령한 뒤, 나폴레옹을 엘바섬으로 유배 보냈어요. 그
러고 나서 동맹국 대표들은 오스트리아 빈에 모여 회의를 열었어요.
"프랑스 혁명 정신이 확산되는 걸 막아야 합니다."

"국경선을 혁명 이전으로 되돌립시다."

그들은 낮에는 회의를 하고 밤에는 왈츠를 추면서 승리의 기쁨을 마음껏 즐겼답니다. 그러던 어느 날, 모두를 경악하게 하는 뉴스가 회의장에 전해졌어요.

'나폴레옹, 엘바섬 탈출 후 파리로 진격!'

파리에 입성한 나폴레옹은 유럽 제패의 꿈을 실현하기 위해 또다시 전쟁에 나섰어요. 하지만 워털루 전투에서 영국과 프로이센 연합군에 대패하면서, 이십 년 전쟁의 마침표를 찍고 말았지요. 동맹국은 나폴레옹이 절대로 도망쳐 나오지 못하도록 대서양 한가운데에 있는 세인트 헬레나섬에 가두었답니다. 그는 그곳에서 회고록을 쓰며 지내다 숨을 거두었어요.

동맹국 대표들은 안도의 한숨을 내쉬며 다시 빈에 모였어요. 그들은 회의를 통해 나폴레옹 이후의 국제 질서를 새로 만들기로 했답니다. 이를 '빈 체제'라고 하는데요. 한마디로 자유와 평등, 통일과 독립을 억압하는 내용이었지요. 그렇게 한다고 해서 도도하게 흐르는 역사의 물줄기를 과연 거꾸로 되돌려 놓을 수 있을까요?

예술과 정치는 별개일까?

 우아! 엉클 쌤 해설을 들으니까 프랑스가 왜 이 곡을 연주하지 않으려고 하는지 알겠네요. 자신들의 패배를 대놓고 축하하는 곡이잖아요.

네, 나폴레옹의 몰락을 축하하는 곡을 연주하고 싶지는 않겠죠. 하지만 얼마 전부터 프랑스뿐 아니라 다른 나라도 연주 목록에서 빼고 있다고 하네요.

아니, 왜요?

2022년 2월에 일어난 우크라이나 전쟁 때문에요. 우크라이나를 침공한 러시아 작곡가의 곡을 연주하지 않겠다는 거죠.

차이콥스키가 침략한 것도 아닌데요?

그래서 전 세계 음악가들 사이에서 논쟁이 벌어졌습니다. 차이콥스키의 그 곡을 연주하면 안 된다는 쪽과 예술과 정치는 별개로 봐야 한다는 쪽이 맞붙은 거죠. 음표 학생은 어떻게 생각해요?

음, 풀기 어려운 문제네요.

사실 1812년 러시아 원정을 배경으로 한 예술 작품이 음악에만 있는 것도 아니에요. 러시아 작가 톨스토이가 쓴 작품 중에 인류 최고의 전쟁 문학이라고 평가받는 작품이 있는데요. 그 작품도 그 시대를 배경으로 하고 있거든요. 제목이 뭐냐면…….

쌤, 그건 저도 알아요. 사랑과 전쟁!

사랑과 전쟁? 글쎄요, 전쟁 중에 피어난 사랑 이야기이기도 하니까, 주제로 봐서는 아주 틀린 건 아닌 듯하지만……. 정확한 제목은 《전쟁과 평화》입니다. 그렇다면 이 작품도 다 같이 읽지 말아야 할까요?

 아니, 당황스럽게 저한테 왜 자꾸 어려운 질문을……. 잘 모르겠지만 차이콥스키나 톨스토이나 지하에서 엄청 슬퍼할 것 같기는 하네요.

 얼마 전에 뉴스를 보니 러시아군의 폭격으로 차이콥스키가 머물던 우크라이나의 별장이 파괴되었다고 하던데……. 지하에서 마음이 얼마나 착잡하겠어요. 이런 거 보면 역사는 현재와 과거의 끊임없는 대화라고 했던 어느 역사학자의 말이 맞는 거 같습니다.

 그건 또 무슨 말인가요?

 나폴레옹 원정 때는 피해자였던 러시아가 지금은 가해자가 되어 있잖아요. 그 때문에 백 년도 더 전에 작곡된 차이콥스키의 곡이 금지되는 상황이 벌어지고 있으니까, 현재와 과

거가 서로 연결되어 있다는 거죠.

 아, 그런 뜻이군요. 참, 〈1812년 서곡〉 초연은 어땠나요?

 사람들 반응이 시원치 않았어요. 그래서였는지 차이콥스키는 후원자였던 폰 메크 부인에게 이런 편지를 보냅니다.

"이 곡은 시끄럽고 예술적으로도 훌륭한 곡이 아닙니다."

그런데 놀랍게도 시간이 지날수록 사람들이 무척 좋아해서 차이콥스키에게 엄청난 부와 명성을 안겨 주지요. 들어 보면 알겠지만, 피날레 부분은 세상의 그 어떤 곡보다 박진감이 넘칩니다. 이 곡이 〈브이 포 벤데타〉라는 영화에 삽입되었는데요. 시간 될 때 꼭 챙겨 보길. 강추!

 〈브이 포 벤데타〉도 꼭 챙겨 봐야겠어요.

아, 중요한 사실 하나를 빠뜨렸네요. 사람들은 나폴레옹의 러시아 원정 하면 1812년 연도만 기억하는데요. 원정을 공표한 날짜가 역사적으로 굉장한 의미가 있습니다. 왜냐하면……

쌤, 그렇게 중요한 얘기를 끝나기 십 초 전에 하시면 어떻게 해요? 그 얘긴 다음에 들어 보도록 하고요. 우선 〈1812년 서곡〉을 들으면서 인사 드릴게요. 다음 시간에 만나요. 안녕~.

쌤, 〈1812년 서곡〉을 연주할 때 진짜로 대포를 쏘나요?

그럼, 진짜로 쏘지. 내가 군악대 출신이잖아. 그 곡 연주할 때 대포 갖다 놓고 빵빵 쏘는데 어찌나 신나던지.

빵!

그래서 저한테도 어려운 질문을 빵빵 쏘시는 거예요? 쌤 신나시려고요?

아, 그게 말이야, 실은 선지가······.

선지가요? 선지가 왜요?

너, 당황 캐릭터 만들어서 조회 수 좀 올려 보자고.

뭐라고요? 야, 오선지! 네가 나한테 어떻게 그럴 수가 있어?

하하. 띵동, 흥분하지 말고 빨리 나와. 수업에 늦겠어.

음표야, 수업 시간엔 딴 데 가지 마세용~. 아우, 오글거려.

격정적인 선율에 스민 폴란드 사랑

3

쇼팽, 폴로네이즈 〈영웅〉

친구들, 안녕하세요? '음표에 걸린 세계사' 반음표입니다. 오늘은 또 어떤 이야기가 기다리고 있을지 궁금합니다. 클래식 음악과 역사를 쉽고 재미나게 풀어 주시는 분이죠. 엉클 쌤 나오셨습니다. 안녕하세요?

안녕하세요? 엉클 쌤입니다.

지난 시간에는 차이콥스키를 만나러 모스크바에 다녀왔는데요. 오늘은 어디로 안내해 주실 건가요?

폴란드의 수도 바르샤바로 가 볼까 합니다.

어머, 바르샤바요? 바르샤바는 제가 세상에서 제일 가 보고 싶은 도시예요.

아, 그래요? 뭐, 특별한 이유가 있나요?

엊그제 마리 퀴리 위인전을 읽었거든요. 퀴리 부인이 폴란드 사람이더라고요. 노벨상을 두 개나 받다니, 정말로 대단한 거 같아요. 마리 퀴리가 태어난 폴란드 바르샤바에 꼭 가 보고 싶어졌어요. 그런데 폴란드엔 누구를 만나러 가나요?

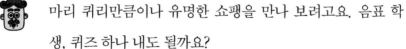 마리 퀴리만큼이나 유명한 쇼팽을 만나 보려고요. 음표 학생, 퀴즈 하나 내도 될까요?

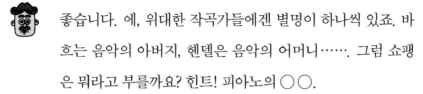 그럼요, 얼마든지. 그렇잖아도 쌤이 질문하실 줄 알고 클래식 대백과 사전을 달달 외웠걸랑요.

좋습니다. 에, 위대한 작곡가들에겐 별명이 하나씩 있죠. 바흐는 음악의 아버지, 헨델은 음악의 어머니……. 그럼 쇼팽은 뭐라고 부를까요? 힌트! 피아노의 ○○.

음, 그럴 줄 알고 제가 쇼팽 사진을 미리 봤는데요. 바흐나 헨델보다 훨씬 더 젊고 외모도 멋지니까, 피아노의…… 삼촌?

땡! 아닙니다. 삼촌은 무슨……. 쇼팽은 피아노의 시인이라고 부릅니다. 건반 위의 시인이라고도 하죠.

 아, 그래요? 클래식 대백과 사전엔 그런 말 없었는데. 그런데 왜 쇼팽을 피아노의 시인이라고 부르는 거죠? 시를 주제로 작곡했나요? 아니면 건반 위에 올라가서 시를 쓰기라도 했나요?

그건 아니고요. 쇼팽의 곡이 시처럼 서정적이어서 그런 별명이 붙은 것 같습니다. 또한, 그의 연주가 시처럼 사람의 마음을 울리기도 하는데요. 쇼팽의 제자가 이런 말을 했을 정도입니다. "선생님이 연주할 때는 손가락에서 노래가 흘러나오고, 듣는 사람의 눈에서 눈물이 흘러나옵니다."

 피아노는 제가 좀 알죠. 제 꿈이 피아니스트라 체르니 40번 떼고 바로 쇼팽 연습곡으로 들어갔거든요. 그런데 저는 쇼팽 곡이 그렇게까지 시적으로 느껴지지는 않던데.

 연습곡으로 생각해서 그런 게 아닐까요? 음, 피아노 연습이 하기 싫어서? 내면의 소리에 귀를 잘 기울여 봐요.

 아, 쌤!!! 그만하시죠?

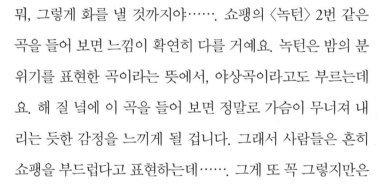 뭐, 그렇게 화를 낼 것까지야……. 쇼팽의 〈녹턴〉 2번 같은 곡을 들어 보면 느낌이 확연히 다를 거예요. 녹턴은 밤의 분위기를 표현한 곡이라는 뜻에서, 야상곡이라고도 부르는데요. 해 질 녘에 이 곡을 들어 보면 정말로 가슴이 무너져 내리는 듯한 감정을 느끼게 될 겁니다. 그래서 사람들은 흔히 쇼팽을 부드럽다고 표현하는데……. 그게 또 꼭 그렇지만은 않습니다.

 그게 무슨 말씀인가요?

굉장히 역동적이고 장엄하고 박진감 넘치는 곡도 많이 작곡을 했거든요. 폴란드 민속 춤곡인 마주르카와 폴로네이즈 선율을 모티브로 쓴 곡들이 대부분 그렇지요.

폴로네이즈가 뭐예요?

빠르지 않은 4분의 3 박자로 된 폴란드 고유의 춤곡이에요. 쇼팽 덕분에 예술 작품으로서 크게 발전했죠. 오늘 소개할 〈영웅〉 폴로네이즈가 바로 그런 곡입니다.

아하, 오늘 소개해 주실 곡이 그 곡이군요?

그 당시 폴란드는 러시아의 지배를 받고 있었는데요. 누구보다 애국심이 강했던 쇼팽은 조국 폴란드가 러시아로부터 해방되기를 바라는 마음으로 〈영웅〉 폴로네이즈를 작곡했죠.

네, 쇼팽에 대해 먼저 간단히 소개해 주시고요. 클래식 음악 속에 숨겨진 역사 이야기 들어 볼게요. 친구들, '음표에 걸린 세계사' 시간엔 딴 데 가지 마세용~.

아, 정말 딴 데 가고 싶어지네요. 흠흠! 쇼팽은 1810년에 폴란드에서 출생해 파리에서 활동한 작곡가입니다. 연습곡, 발라드, 왈츠, 녹턴, 마주르카, 폴로네이즈 등 다양한 형식의 피아노 곡을 썼습니다.

그가 작곡한 곡으로는 〈빗방울〉 전주곡, 연습곡 〈이별〉, 폴로네이즈 〈영웅〉, 〈녹턴〉 2번 등이 있습니다. 여리고 여린 감수성 천재 쇼팽이 왜 건반을 부서질 만큼 강하게 두드려야 하는 〈영웅〉 폴로네이즈를 작곡했는지, 지금 만나 보러 가시죠.

은잔에 담긴 폴란드 흙 한 줌

쇼팽이 정든 고향 바르샤바를 떠나기 전날 밤, 그의 행운을 빌어 주기 위해 친구들이 쇼팽의 집에 모여 환송회를 열었는데요. 쇼팽은 스무 살 때 이미 폴란드의 유명 인사였습니다. 여섯 살에 처음 피아노 건반을 두드렸고, 일곱 살에 자기가 작곡한 폴로네이즈를 직접 연주하여 "제2의 모차르트가 나타났다."라는 환호를 받을 정도였지요.

하지만 쇼팽은 바르샤바가 너무 좁게 느껴졌습니다. 더 큰 세계에 나가 인정받고 싶었지요. 부모님과 친구들도 그런 쇼팽을 응원해 주었고요. 그런데 막상 고향을 떠나려니 자꾸만 마음이 심란해졌어요. 음, 낯선 땅에서 홀로 지내야 하는 걱정 때문이었을까요? 아닙니다. 조국 폴란드의 상황이 마음을 복잡하게 만들었던 거지요.

그 당시 폴란드는 러시아의 지배를 받고 있었습니다. 쇼팽은 자라면서 조국의 현실에 눈을 뜨기 시작했는데요. 밤이면 학교 기숙사의 형들이 쇼팽에게 외세와 맞선 폴란드 사람의 전투 이야기를 들려주곤 했어요. 어린 쇼팽은 그 이야기를 피아노로 연주하는 걸 무척 좋아했답니다.

쇼팽이 고국을 떠나던 1830년, 바르샤바에는 뭔가 심상찮은 기운이 감돌았습니다. 그해 7월, 프랑스에서 '7월 혁명'이 일어났는데요. 샤를 10세가 기본권을 제한하는 칙령을 발표하면서, 프랑스 혁명 이전으로 되돌리려고 하자 그에 반대하는 시민들이 들고일어난 거예요.

이 혁명은 유럽 여러 나라에 두루 영향을 끼쳤답니다. 벨기에가 네덜란드로부터 독립하는 계기가 되기도 했고요. 이 혁명의 불길이 폴란드 바르샤바에까지 불어닥치고 있었어요.

쇼팽의 친구들은 남몰래 혁명 세력에 가담하고 있었습니다. 쇼팽은 혁명 대열에 끼지는 못했지만 마음으로는 그들을 열렬히 지지했지요. 그런데 이제 그 친구들을 남겨 두고 고국을 떠나야 할 시각이 다가온 겁니다.

쇼팽은 아쉬움 마음을 가득 담아 폴란드에서의 마지막 연주를 했습니다. 연주가 끝나자 친구들은 쇼팽에게 폴란드 흙이 담긴 은잔을 건네주며 이렇게 말했어요.

"프레데릭, 폴란드를 절대 잊지 마."

학교 선생님도 쇼팽에게 당부를 했지요.

"어딜 가든 폴란드의 선율을 꼭 지녀야 한다."

러시아 군인들이 짓밟은 폴란드 혁명

바르샤바를 떠나 오스트리아 빈에 도착한 지 일주일째 되던 날, 쇼
팽은 바르샤바에서 러시아에 대항하는 혁명이 일어났다는 소식을 들
습니다. 빈까지 동행했던 친구는 혁명 세력에 합류하겠다면서 서둘
러 고국으로 돌아갔지요.

마르틴 잘레스키의 〈바르샤바 무기고 점령〉

쇼팽은 아버지에게 자신도 고국으로 돌아가 싸우겠다는 편지를 보냈어요. 하지만 아버지는 그런 아들을 극구 말렸습니다.

"절대로 돌아오지 말고 오롯이 네 길을 가거라. 조국을 위해 음악을 열심히 하는 것이 바로 애국이란다."

쇼팽은 고국으로 돌아가지 못한 채 걱정에 휩싸였어요. 혁명에 나섰던 친구들이 혹여라도 죽지는 않았을까? 사랑하는 누이들이 러시아 병사들에게 해코지를 당하지는 않았을까? 쇼팽은 불안해서 견딜 수가 없었습니다.

게다가 빈 사람들은 죄다 러시아 편을 들었거든요. 쇼팽의 재능을 칭찬하면서도 러시아에 반기를 든 폴란드 사람들을 비난하기 일쑤였지요. 쇼팽은 결국 빈을 떠나 프랑스 파리로 가기로 했습니다. 파리로 가는 도중에 바르샤바에서 일어난 혁명이 러시아군에게 무참히 짓밟혔다는 소식을 듣게 되었어요.

좌절과 분노를 느낀 쇼팽은 혁명에 나선 친구들의 모습을 매우 빠르고 격렬한 선율로 오선지에 하나하나 그려 나갔습니다. 훗날 〈혁명〉이란 제목으로 불리게 되는 그의 열두 번째 연습곡이었지요.

내 심장을 폴란드에 묻어 줘

1831년, 파리에 도착한 쇼팽은 작곡가로 화려하게 데뷔했습니다.

파리의 귀족과 지성인들은 새로운 예술가의 출현에 다 같이 열광했지요. 쇼팽의 음악은 형식에 딱딱 맞춰진 듯한 고전주의 음악과는 뭔가 다른 분위기를 풍겼는데요. 우아하게 기품이 흐르면서도 섬세하고 자유로웠지요. 그 무엇보다도 독창적이라 할까요?

지금의 아이돌 스타 못지않게 큰 인기를 누리던 리스트와 멘델스존, 슈만 같은 음악가들조차도 쇼팽의 음악을 깊이 추앙했습니다. 이를테면 스타들의 스타였던 셈이지요. 심지어 슈만은 이렇게 호들갑을 떨기까지 했답니다.

"여러분, 경배하십시오. 천재가 나타났습니다!"

쇼팽은 생활비를 마련하기 위해 작곡을 하면서 틈틈이 피아노 레슨을 했어요. 다양한 연주회에서 연주를 하기도 했고, 고국의 독립을 지원하는 자선 음악회를 열기도 했지요. 조르주 상드라는 소설가를 만나 음악사에 길이 남을 연애를 하며 행복한 시간을 보내기도 했고요. 그러는 중에도 그는 언제나 고국을 떠나던 날 밤에 친구들과 선생님이 했던 당부를 잊지 않았습니다.

'폴란드를 잊지 마! 폴란드의 선율을 지녀야 해!'

쇼팽은 어린 시절 친구들과 시골에서 지낼 때, 마을 악단의 연주에 맞춰 춤을 추던 농부들의 모습을 떠올렸습니다. 폴란드의 민속 춤곡인 마주르카와 폴로네이즈에는 폴란드 사람들의 한과 기쁨이 배어 있었거든요.

쇼팽은 폴란드 민중들이 러시아의 지배에서 벗어나기 위해 싸우는 모습을 상상하며 곡을 쓰기 시작했습니다. 그것만이 폴란드를 떠나온 자신이 고국을 위해 싸울 수 있는 유일한 방법이었으니까요.

그 곡은 감미로우면서도 절망적이며 격렬하고 장엄했습니다. 쇼팽이 완성한 폴로네이즈를 연주하자 조르주 상드는 깜짝 놀라서 이런 편지를 보냈다지 뭐예요.

"영감! 힘! 활기! 프랑스 혁명의 기운이 온전히 느껴져. 지금부터 이 폴로네이즈는 상징이 되어야 해, 영웅의 상징!"

상드의 말에 영향을 받았던 걸까요? 이 곡은 훗날 〈영웅〉이라는 제목을 얻게 됩니다.

쇼팽은 파리에 머문 십팔 년 내내 고국을 그리워하며 지냈습니다. 그러는 동안 젊어서부터 그를 괴롭히던 결핵이 결국 몸을 망가뜨리게 되는데요. 어쩔 수 없이 죽음을 예감한 쇼팽은 폴란드에 있는 누나를 불러서 이런 유언을 남겼지요.

"내 심장을 폴란드에 묻어 줘."

그러고 나서 얼마 뒤, 쇼팽은 망명지와도 같았던 파리에서 서른아홉 살의 짧은 생을 마쳤습니다.

그가 쓴 수많은 곡은 나라 잃은 폴란드 사람들의 슬픔을 위로해 주며, 애국심을 불러일으키는 노래가 되었습니다.

우리나라와 똑 닮은 폴란드 수난사

쇼팽의 나라 폴란드는 우리나라와 비슷한 점이 참 많아요. 오랫동안 식민 지배를 받은 데다 분단이 된 적도 있거든요. 우리가 조선 시대이던 때, 폴란드는 폴란드-리투아니아 연방국이었어요. 그땐 유럽에서 힘깨나 쓰는 나라였지요. 그런데 문제가 좀 있었답니다. 귀족들이 왕을 투표로 선출하는 바람에 왕의 힘이 무척 약했거든요.

장 미셸 모로가 그린 폴란드 1차 분할 풍자화

이웃 나라 러시아는 그런 폴란드를 호시탐탐 집어삼키려고 했어요. 또 다른 이웃인 프로이센은 러시아 혼자 폴란드를 차지하는 걸 막기 위해 오스트리아를 끌어들였고요. 그리곤 러시아에 "우리 같이 폴란드를 나눠 가지자."라고 제안했지요.

그렇게 해서 1772년에 폴란드-리투아니아 연방국은 세 나라에 영토를 내주고 국토가 3분의 1로 쪼그라들었답니다. 이것이 바로 폴란드 1차 분할이에요.

1793년에 폴란드는 힘을 키우기 위해 개혁을 추진하고, 프랑스 혁명에 자극을 받은 민중들도 자유를 요구했어요. 그러자 폴란드 귀족들은 이들을 진압해 달라면서 러시아에 군대를 요청했지요. (이거, 뭔가 익숙하지 않나요?) 그리하여 러시아와 프로이센 군대가 들어오면서, 폴란드는 2차 분할이 되어 영토가 더 줄어들었답니다.

이 년 뒤인 1795년엔 러시아·프로이센·오스트리아가 폴란드로 쳐들어와 폴란드를 완전히 차지해 버렸어요. 이것이 폴란드 3차 분할이에요. 이것으로 폴란드는 지도에서 완전히 사라지고 말았지요. 이후 폴란드는 제1차 세계 대전이 끝나는 1918년까지, 백이십삼 년 동안 나라 없는 민족으로 살아야 했습니다.

쇼팽이 태어나기 오 년 전인 1805년, 나폴레옹은 러시아와 오스트리아를 물리치고 폴란드에 새로운 나라를 세워 주었어요. 말이 나라지, 사실은 나폴레옹의 속국이나 마찬가지였지요. 하지만 그마저도 1815년에 나폴레옹이 몰락하면서 다시 이웃 나라의 지배를 받게 되었답니다.

소련의 틀러리에서 폴란드 공화국 수립까지

쇼팽이 어린 시절을 보내던 때가 바로 러시아의 지배를 받던 시절

'노동이 그대를 자유케 하리라'라고 적힌 아우슈비츠 수용소 입구

인데요. 불행하게도 쇼팽이 죽을 때까지 그 상황이 쭉 이어졌지요. 폴란드는 러시아 지배에서 벗어나기 위해 끊임없이 몸부림을 쳤지만 번번이 실패했어요. 쇼팽이 왜 그렇게 애국심이 가득 담긴 곡을 써야 했는지 조금은 이해가 가나요?

폴란드는 1918년에 제1차 세계 대전이 끝나고 나서야 비로소 자유를 얻었어요. 그러나 해방의 기쁨도 잠시, 1939년에 서쪽 옆 나라 독일의 히틀러가 제2차 세계 대전을 일으켜 폴란드를 차지했지요. 그러자 동쪽의 러시아도 쳐들어와서 폴란드는 동서로 분단된 채 두 나라의 지배를 받게 되었습니다.

제2차 세계 대전 때 폴란드만큼 고통을 당한 나라도 드물 거예요.

나치 독일이 폴란드에 있는 아우슈비츠 수용소에서 유대인 수백만 명을 무자비하게 학살했거든요! 러시아도 폴란드 군인 수십만 명을 학살했고요.

폴란드 민족의 고난은 1945년에 독일이 패망하면서 끝이 났어요. 그 후 폴란드는 공산주의 국가인 소련의 들러리 국가가 되었어요. 그러다 1990년대 초 민주적인 선거를 치른 끝에 폴란드 공화국을 수립한 뒤 오늘로 이어지고 있답니다.

꽃밭에 숨겨진 대포

 조국을 위해 곡을 쓴 것도 그렇고, 유언도 그렇고, 쇼팽 삼촌의 애국심이 절절하게 느껴지네요.

 그렇죠? 내가 죽거든 내 뼈를 하얼빈 공원 옆에 묻었다가, 국권이 회복되는 날 고국에 묻어 달라고 유언한 안중근 의사가 생각난다고 할까요?

 쇼팽의 유언대로 심장을 폴란드에 묻었나요?

 네, 시신은 파리에 묻고, 심장은 폴란드 바르샤바에 있는 성 십자가 교회에 안치했죠.

 조르주 상드의 표현을 보면 〈영웅〉 폴로네이즈가 무척 대단한 곡인 것 같은데요. 실제로 어떤 곡인가요?

 듣는 사람마다 느낌이 다를 텐데요. 쇼팽의 절친인 피아니스트 리스트는 이렇게 표현했습니다. "쇼팽의 폴로네이즈를 들으면 온갖 불의에 용감하고 대담하게 대항하는 확고한 발자국 소릴 듣는 거 같다." 쇼팽의 폴로네이즈 연주를 듣는 순간, 갑자기 눈앞에 투구와 갑옷을 입은 폴란드 전사들이 전진해 오는 환각에 빠져들었다나요? 리스트는 공포에 질린 나머지 방에서 뛰쳐나갔다고 하더군요. 확실히 쇼팽의 〈영웅〉 폴로네이즈는 그의 서정적인 곡들과는 달리 웅장하고 장엄한 느낌을 주는 듯합니다.

웅장하고 장엄한 느낌이요?

 작곡가 슈만은 쇼팽의 곡을 '꽃밭에 숨겨진 대포'라고 표현했어요. 겉으론 그저 아름답게 보이지만 그 속엔 러시아를 떨게 할 무시무시한 것이 숨어 있다, 이런 의미로요.

 피아노로 시만 쓴 게 아니라 대포도 쏜 거군요.

 오호! 그럴듯한 비유네요? 〈영웅〉 폴로네이즈는 우리나라 피아니스트 조성진이 쇼팽 콩쿠르에서 우승할 때 연주한 곡이어서 우리에게도 퍽 익숙하지요. 조성진은 폴로네이즈 최고 연주상을 받았는데요. 인터뷰에서 이런 말을 했습니다. "마치 폴란드인인 것처럼 연주했다." 폴란드의 고단한 역사를 생각하며 작곡했을 쇼팽의 심정을 느끼면서 연주했다는 말일 텐데요. 나는 조성진의 쇼팽 연주를 볼 때마다 이런 생각을 합니다.

 어떤 생각이요?

 조성진은 혹시 쇼팽 가문의 사람이 아닐까?

 네? 쇼팽은 폴란드 사람이고, 조성진은 한국 사람인데요?

 왜냐하면 쇼팽의 성을 Cho로 표기하거든요. 조성진의 성도 Cho로 표기하잖아요. 성이 같죠? 그러니까 쇼팽과 조성진은 같은 바르샤바 조 씨가 아니겠냐는…….

 베토벤 배 씨 말씀하실 때 확실하게 말렸어야 하는데……. 정말로 얼토당토않으시군요.

하하. 음표 학생, 당황했어요?

당황은요. 쌤 말씀 들으니까 빨리 음악을 들어 보고 싶은걸요. 지금까지 쇼팽이 폴로네이즈를 작곡한 배경과 그 곡에 담긴 역사 이야기 들어 봤는데요. 애국심이 흠씬 배어 있는 쇼팽의 〈영웅〉 폴로네이즈 들으면서 인사 드릴게요. 다음 시간에 만나요. 안녕~.

쌤, 그건 좀 아니지 않아요?

아니지 않냐니, 대체 뭐가?

세상에, 바르샤바조 씨가 뭐예요?

아, 그거. 재밌지 않니? 난 무지 재밌던데.

아재 개그 하실 때마다 제가 얼마나 당황스러운지 아세요?

피아노의 삼촌에 비하겠니?

그건 제가 웃자고 그런 거죠. 피아니스트가 꿈인 제가 설마······.

아, 그랬구나.

오선지, 네가 말 좀 해 봐. 내가 진짜 몰랐을 거 같니?

댓글 올라오는 거 보니까 '음표는 진짜 몰랐을 거다.'가 더 많은데. 음표야, 괜찮아. 피아노의 삼촌 나갈 때 '좋아요' 폭발했어. 하하하.

이탈리아 통일을 기원하는 노래

4

베르디, 오페라 《나부코》 중
〈히브리 노예들의 합창〉

메아리 친구들, 안녕하세요? '음표에 걸린 세계사' 반음표입
니다. 오늘이 벌써 네 번째 시간이네요. 회를 거듭할수록 우
리 프로그램 인기가 쑥쑥 올라가는 것 같습니다. 클래식 음
악 속에 숨은 역사 이야기를 재미있게 들려주시는 엉클 쌤
나오셨습니다. 쌤, 어서 오세요.

 안녕하세요? 클래식 음악으로 세계사를! 엉클 쌤입니다.

 우아, 멋진 표어네요. 서당 개 삼 년이면 풍월을 읊는다는데,
방송 세 번 만에 그렇게 멋진 표현을!

 칭찬 맞죠? 그런데 비유가 좀…….

 그랬나요? 죄송해요. 그건 그렇고, 네 번째로 가 볼 곳은 어
딘가요?

 이탈리아 밀라노로 가 볼까 합니다.

 어머, 밀라노요? 밀라노는 제가 세상에서 제일 가 보고 싶은

곳인데!

또요? 이유가 있나요?

밀라노에 라 스칼라 극장이 있잖아요. 거기 오페라단의 프리 마돈나가 되는 게 제 꿈이거든요. 꿈을 이루려면 미리 가서 오페라 한 편쯤은 봐 줘야죠.

음표 학생 꿈이 일주일 새 또 바뀌었군요. 좋아요, 꿈 많은 십 대니까. 한데 오페라에서 주역을 맡은 제1 여가수는 프리 '마돈나'가 아니라 프리마 '돈나'라고 부릅니다.

어머, 그래요? 저는 미국의 팝 가수 마돈나도 있고 해서 프리 마돈나인 줄. 호호호.

그랬군요. 프리마 돈나를 꿈꾸는 음표 학생, 시작 전에 퀴즈 하나 내도 될까요?

그럼요, 얼마든지. 이번엔 진짜 자신 있어요.

좋습니다. 오늘은 방송 사고를 대비해서 객관식으로 낼게요. 오페라의 아버지로 불리는 이탈리아 작곡가는 누구일까요? 1번 베토벤, 2번 차이콥스키, 3번 쇼팽, 4번 베르디, 5번 페퍼로니.

정답! 4번 베르디.

오, 정답입니다. 어려운 문제였는데 어떻게 금방?

4번과 5번이 살짝 헷갈렸는데요. 모를 땐 4번 찍는 게 진리죠. 오늘은 베르디의 음악 이야기를 해 주실 건가 보죠?

그렇습니다. 여러분은 아마 베르디의 오페라 제목은 몰라도 〈여자의 마음〉이나 〈축배의 노래〉 같은 아리아는 들어 봤을 거예요. 혹시 아직까지 못 들어 봤다면, 앞으로 살아가면서 한 번쯤은 반드시 들어 보게 될 겁니다. 그만큼 유명한 곡인데요. 오늘은 베르디의 곡 중에서 이탈리아 통일 운동의 상징이 된 〈히브리 노예들의 합창〉을 소개하려고 합니다.

 히브리가 어디예요?

 이스라엘입니다. 유대 땅이라고도 하죠.

 이스라엘 노예들이 부르는 노래가 어쩌다 이탈리아 통일 운동의 상징이 되었다는 거죠?

 거기엔 그럴 만한 사연이 있는데요. 〈히브리 노예들의 합창〉에 숨겨진 이야기를 차근차근 들려 드리도록 하겠습니다.

 알겠습니다. 일단 베르디에 관해 한 말씀 해 주시죠. 친구들, '음표에 걸린 세계사' 시간엔 딴 데 가지 마세용~.

 베르디는 1813년에 이탈리아에서 태어난 오페라 작곡가입니다. 《나부코》, 《라 트라비아타》, 《아이다》 등 이십여 편의 뛰어난 오페라를 작곡해 이탈리아에서 국민 작곡가로 칭송받고 있습니다. 그가 작곡한 〈히브리 노예들의 합창〉이 어쩌다 이탈리아 통일 운동의 상징이 되었는지 많이들 궁금하실 텐데……, 지금 바로 만나 보시죠.

하루 만의 공연으로 끝난 《하루 만의 왕》

스물일곱 살 청년 작곡가 베르디가 라 스칼라 극장 한구석에 앉아 있습니다. 자신의 두 번째 작품《하루 만의 왕》초연을 지켜보기 위해서였지요.

베르디는 일 년 전에 무대에 올린 첫 작품이 나름대로 성공을 거두었던 터라, 이번에도 성공을 이어 가길 기대하는 마음이 가득했습니다.

하지만 공연이 끝났을 때 객석에서는 야유가 마구 터져 나왔습니다. 한마디로 참혹한 실패였지요. 베르디는 인사도 하지 않고 급히 극장을 빠져나왔습니다. 흥행 요리사로 불리는 극장장은 몇 차례 더 예정되어 있던 공연을 모두 취소해 버렸고요. 그렇게《하루 만의 왕》은 '하루 만의 공연'으로 끝나 버렸습니다. 대체 왜 이런 일이 벌어진 걸까요?

어쩌면 이것은 예견된 실패였는지도 모릅니다. 이 작품은 희극, 즉 코미디였는데요. 당시 베르디는 희극을 작곡할 상황이 아니었거든요. 이 년 전에 한 살짜리 딸이 죽고, 일 년 전에는 아들이 세상을 떠났으니까요. 몇 달 전엔 아내마저 병으로 떠나 보냈고요.

이런 비극적인 상황에서 희극을 쓴다는 게 말이 되지 않았지요. 하지만 극장과 맺은 계약 때문에 어쩔 수 없이 작품을 써야 했던 것입니다. 사랑하는 처자식을 모두 잃은 슬픔 속에서 희극을 작곡하고, 또 그 공연을 지켜봐야 하는 베르디의 상황은 대체 희극일까요, 비극일까요?

가슴에 사무치는 그리움, 《나부코》

베르디는 절망에 빠진 나머지, 음악을 그만두기로 결심했습니다. 이 년 사이에 사랑하는 가족을 모두 잃고 공연마저 대실패를 했으니, 안 그러는 게 도리어 더 이상할 상황이었지요. 크나큰 실의에 빠져 있던 어느 날, 극장장이 베르디에게 연극 《나부코》의 대본을 건넸습니다.

"베르디, 한번 읽어 보게. 다른 작곡가가 거절한 거긴 하네만……."

이거, 너무 잔인한 극장장 아닌가요? 베르디의 상황을 뻔히 알면서, 어떻게 남이 퇴짜 놓은 작품의 작곡을 의뢰할 수 있을까요? 베르디는 딱 잘라 거절하고 싶었지만, 계약이 아직 남아 있어서 어쩔 수 없이 대본을 받아 들고 집으로 돌아왔습니다.

《나부코》의 대본을 구석에 처박아 두고서 한동안 쳐다도 보지 않던 베르디는 한번 읽어나 보자, 하는 심정으로 읽어 나가기 시작했습니다.

나부코는 구약 성서에 나오는 느부갓네살 왕을 이탈리아어로 줄여 부른 것인데요. 작품의 내용은 이천오백여 년 전 중동에 있는 바빌로니아 왕 나부코가 이스라엘 왕국에 쳐들어가 예루살렘을 함락시키고 히브리인들을 노예로 잡아가는 이야기였습니다.

이 사건을 '바빌론 유수'라고 하는데요. 유수란 잡아 가둔다는 뜻이에요. 이 기간 동안 히브리인들은 엄청난 고난과 고통을 겪지만, 어떻게든 자신들의 민족 정체성을 지키려고 노력했어요. 예루살렘에 성전을 재건하여 유대교를 정립하고 경전을 정리했지요.

무심히 《나부코》 대본을 읽던 베르디는 합창곡의 제목에 시선이 꽂혔습니다.

'가라, 내 마음이여! 금빛 날개를 타고'

그 합창곡은 바빌로니아로 잡혀 온 히브리 노예들이 힘든 노역을 끝내고 유프라테스 강가에 앉아 떠나온 고국을 그리워하며 부르는 노래였어요.

'오, 너무나 아름다운, 잃어버린 나의 조국이여! 가슴에 사무치는 그리움이여!'

베르디는 그 가사가 절망에 빠진 지금 자신의 이야기와 똑같다고 느꼈습니다. 자세를 고쳐 앉고는 단숨에 대본을 읽어 내려갔지요. 그러고는 그 합창곡을 필두로 하여, 얼마 뒤 《나부코》 전체의 작곡을 끝

내게 되었어요.

1842년 3월 9일, 베르디가 작곡한 오페라 《나부코》가 라 스칼라 극장에서 초연이 되었는데요. 극장장과 오페라 가수들은 연습할 때부터 이미 성공에 대한 기대감으로 흥분했지만, 베르디는 도무지 마음을 놓을 수가 없었답니다.

마침내 공연이 끝났을 때, 관객들 사이에서 아우성이 터져 나왔습니다. 베르디는 이번에도? 하는 마음에 가슴이 덜컥 내려앉는 것 같았지요. 그러나 그건 야유가 아니라 환호성이었어요.

그날 밤 밀라노는 〈히브리 노예들의 합창〉으로 난리가 났답니다. 한마디로 대박이 난 거지요.

통일된 이탈리아의 국민 가곡, 〈히브리 노예들의 합창〉

《나부코》는 회를 거듭할수록 인기를 더해 갔습니다. 작곡가 베르디도, 흥행에 관해서만큼은 동물적인 촉을 지닌 극장장도 전혀 예상치 못한 결과였지요. 세 번째 공연이 끝났을 때, 극장장은 베르디에게 새 계약서를 내밀었습니다.

"베르디, 사인해 주게. 우리 극장과 계속 작업을 해야지."

금액란이 비어 있는 계약서였습니다. 이른바 백지 수표나 다름없었지요. 스물아홉 살 무명의 작곡가 베르디는 유명한 선배 작곡가가 받

왔던 최고 금액을 적어 넣었습니다.

원래 8회 예정이던 공연은 57회로 늘어났고, 《나부코》에 대한 소문은 밀라노를 넘어 이탈리아 전역으로 퍼져 나갔어요. 오래지 않아 대서양을 건너 미국 뉴욕에서까지 공연이 열리게 되었지요. 이제 〈히브리 노예들의 합창〉은 국가처럼 이탈리아 어디서나 부르는 노래가 되었답니다. 어째서 이런 일이 벌어진 걸까요?

이탈리아는 476년에 서로마 제국이 멸망한 뒤, 천삼백 년 이상 통일을 이루지 못한 채 이민족의 침입과 외세의 지배를 받았어요. 특히 베르디가 살던 1800년대에는 밀라노를 포함한 이탈리아 북부가 오스트리아의 지배를 받고 있었습니다. 이천 년 전 유럽과 지중해를 지배했던 로마 제국의 영광은 단지 유적으로만 그 흔적이 남아 있을 뿐이었지요.

이탈리아 사람들은 외세의 지배를 벗어나 하나 된 이탈리아를 꿈꾸었습니다. 그래서 여러 차례 독립 투쟁을 벌였지만, 여러 왕국으로 나뉘어 있어서 힘이 약했던 탓에 번번이 외국 군대에 진압당하고 말았어요.

이런 상황에서 《나부코》의 〈히브리 노예들의 합창〉이 나타난 거예요. 이탈리아 사람들은 조국을 잃은 채 남의 나라로 끌려간 히브리 노예들에게서 오스트리아의 지배를 받는 자신들의 모습을 발견했습니다. 그래서 외세의 지배에서 벗어나 조국을 하나로 통일하기를 바라는 마음으로 그 노래를 간절하게 불렀지요. 1870년에 통일이 된 후에도 그 열기가 이어져, 오늘날까지도 제2의 국가로 불리고 있답니다.

이탈리아 통일 운동을 이끈 세 영웅

베르디가 살던 1800년대 이탈리아는 여러 개의 작은 나라로 나뉘어 있었어요. 단순히 나누어져 있는 거라면 그나마 다행이게요? 그렇게 쪼개진 채로 오스트리아의 지배까지 받고 있었지요. 갈라지고 지배당하고, 이중 고통을 겪고 있었던 셈인데요. 그래서인지 이탈리아 사람들은 통일과 독립이라는 두 가지 과제를 줄곧 끌어안고 있었다고 해요.

이 목표를 이루기 위해 투쟁한 세 명의 영웅이 있어요. 마치니, 카보우르, 가리발디가 그 주인공이에요. 이들은 이탈리아에서 건국 영웅으로 불리고 있는데요. 이들이 통일 운동을 어떻게 이끌었는지 알아볼까요?

첫 번째 인물은 마치니예요. 변호사 출신의 마치니는 자유주의 사상을 가지고 있었어요. 어, 자유주의? 프랑스 혁명 이야기할 때 들어 봤지요? 인간은 태어날 때부터 누구나 자유롭다!

그의 목표는 공화정에 기반한 통일 국가를 수립하는 거였어요. 그 목표를 이루기 위해 오스트리아 군대와 용감하게 맞서 싸웠지요.

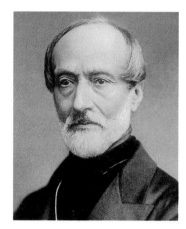

주세페 마치니(1805~1872)

하지만 봉기가 실패하는 바람에 사형을 선고받았답니다. 그는 곧 프랑스로 건너가 '청년 이탈리아'라는 정치 모임을 만들었어요. 이 모임을 기반으로 다시 이탈리아에서 오스트리아 군대와 싸웠습니다. 비록 그는 자신의 힘으로 통일을 이루지 못했지만, 이탈리아 통일의 씨를 뿌렸다는 평가를 받고 있지요.

이탈리아 통일 운동을 이끈 두 번째 인물은 카보우르예요. 카보우르는 이탈리아 북부에 있던 샤르데냐 왕국의 수상이었어요.

그가 수상이 되기 전, 샤르데냐 왕국은 오스트리아와 독립 전쟁을 벌였답니다. 하지만 힘이 약한 탓에 금방 진압을 당하고 말았지요. 독립 전쟁 패배 후 수상이 된 그는 어떻게 하면 오스트리아를 물리칠 수 있을지 고심하고 또 고심했어요.

혼자 힘으로 오스트리아 군대를 물리치기 어렵다면?

그는 옆 나라 프랑스에 도움을 청했어요. 니스 지역을 프랑스에 주겠다고 약속을 하고서요. 프랑스는 오스트리아를 견제해야 했기 때문에 카보우르의 제안을 기꺼이 받아들였지요. 뭐, 땅도 준다니까 꿩 먹고 알 먹는 셈이라고 생각했을 거예요.

카밀로 카보우르(1810~1861)

카보우르는 프랑스의 도움을 받아 1859년에 오스트리아와 제2차 독립 전쟁을 벌였는데요. 그 결과, 베네치아를 제외한 이탈리아 북부 전체를 차지했어요. 이제 남은 건 남부 이탈리아뿐! 그곳의 독립은 마지막 영웅 가리발디에게 맡겨 볼까요?

세 번째 통일 영웅 가리발디는 젊었을 때 마치니가 이끄는 '청년 이탈리아' 모임에 가입한 뒤 독립을 위해 열성적으로 싸웠어요. 그도 마치니처럼 공화주의자였고요. 왕이 다스리는 왕정이 아니라 국민이 대표를 선출해 정치를 하는 공화정을 꿈꾸었지요.

하지만 당장은 외세를 물리치는 게 먼저였기에, 오스트리아에 맞서 열심히 독립 투쟁을 벌였답니다. 카보우르가 주도하는 오스트리아와의 제2차 독립 전쟁에 참여한 가리발디는 자신이 조직한 의용군을 이끌고 남부 이탈리아 점령에 나섰어요.

그가 이끄는 의용군의 이름은 '붉은 셔츠단'이었는데요. 붉은 셔츠를 입고 싸워서 붙여진 이름이에요. 임진왜란 때 붉은 옷을 입었던 홍의 장군 곽재우가 퍼뜩 떠오르네요.

주세페 가리발디(1807~1882)

가리발디는 일천여 명의 붉은 셔츠단을 이끌고 시칠리아섬을 점령했어요. 그 기세를 몰아 이탈리아반도 남쪽에 상륙해 남부 지역까지 차례로 차지했고요.

그는 전투를 벌일 때 주민들에게 최대한 피해를 주지 않도록 노력했어요. 그래서 어디를 가나 환영을 받았지요. 그 덕에 싸우지 않고도 쭉쭉쭉 북쪽으로 진격하며 남부를 하나하나 통일해 나갔답니다. 마침내 1860년에는 남부 이탈리아를 모두 차지했어요. 이제 이탈리아는 북부 샤르데냐 왕국과 가리발디가 차지한 남부로 나뉘게 되었습니다.

마음만 먹으면 가리발디는 남부를 통치할 수도 있었어요. 하지만 통일이 먼저라고 생각해서 샤르데냐의 왕에게 남부를 통째로 바쳤지요. 아무 조건도 없이 통 크게요!

그 덕에 이탈리아는 1861년에 통일을 이루었는데요. 얼마 뒤 베네치아에서 오스트리아 군대마저 몰아내고, 1870년에 통일을 완성했어요. 이런 노력 덕분에 가리발디는 이탈리아 통일의 영웅 가운데서도 가장 큰 존경을 받는답니다.

'웃픈' 드라마의 해피 엔딩

 〈히브리 노예들의 합창〉 이야기 잘 들었습니다. 절망을 딛고 만든 노래가 이탈리아 국민에게 용기를 주어 통일을 이루는 데 큰 힘이 되었다는 이야기네요.

 그렇습니다. 노래 한 곡이 어떤 역할을 할 수 있는지 보여 주는 좋은 예라고 할 수 있죠.

 베르디는 그런 결과를 예상 못 했다고 하셨는데요. 그럼 작곡할 때 이 곡으로 이탈리아 사람들에게 애국심을 불러일으켜야겠다는 생각은 안 한 건가요?

 그런 생각을 했는지, 안 했는지는 연구자들 사이에 의견이 엇갈립니다. 중요한 건 의도하지 않았더라도 〈히브리 노예들의 합창〉이 이탈리아 사람들에게 용기를 주었고, 이탈리아 통일에 큰 영향을 끼쳤다는 사실입니다. 그래서 '통일 이탈리아는 라 스칼라 극장에서 태어났다.'라는 유명한 문구가 나온 거지요.

 그게 무슨 뜻이에요?

 라 스칼라에서 공연된 《나부코》의 〈히브리 노예들의 합창〉

이 온 이탈리아 국민을 하나로 뭉치게 해서 통일 이탈리아를 세우도록 했다는 뜻이지요.

쌤 말씀을 들어 보니, 노래 한 곡의 역할이 정말 큰 것 같네요. 하지만 그 곡을 작곡할 때 베르디는 얼마나 괴로웠을까요? 해설 중에 코미디 《하루 만의 왕》을 보고 있는 베르디의 상황이 희극일지 비극일지 물어보셨잖아요. 답이 뭐예요?

음표 학생은 뭐라고 생각해요?

또 어려운 질문을 하시네요. 글쎄요, '웃픈' 드라마라고 해야 할까요?

그렇겠네요. 베르디는 '웃픈' 상황에서도 《나부코》를 작곡해 부와 명예를 한꺼번에 쥐게 되었지요. 이탈리아의 통일에도 이바지했으니, 베르디의 인생 드라마는 해피 엔딩이라고 해도 될 것 같습니다. 베르디는 단지 성공을 넘어, 온 이탈리아 국민에게 존경받는 작곡가예요. 그의 장례식 때 팔백 명이 넘는 합창단이 〈히브리 노예들의 합창〉을 부르며 마지막 길을 배웅할 정도로 말이죠.

오늘은 〈히브리 노예들의 합창〉이 어떤 배경에서 탄생했고, 이탈리아 역사에 어떤 영향을 끼쳤는지 들어 보았습니다. 쌤, 마지막으로 하실 말씀 있으시면 해 주세요.

〈히브리 노예들의 합창〉은 오늘날 전쟁으로 고국을 떠난 사람들과 정치적 상황으로 고향에 돌아가지 못하는 사람들을 위로하는 노래로 불립니다. 그래서 나는 〈히브리 노예들의 합창〉을 인류 최고의 합창곡 중 두 번째 작품으로 꼽고 싶습니다.

 아이참! 시간 없는데 꼭 막판에⋯⋯. 그럼 첫 번째로 꼽으시는 합창곡은 뭔데요?

 그건 다음 기회에 말씀드리죠.

 아, 뭐예요? 아무튼 알겠습니다. 시간이 없어서 오늘 순서는 이것으로 마치고요. 저는 〈히브리 노예들의 합창〉 들으면서 인사 드릴게요. 다음 시간에 만나요. 안녕~.

쌤, 인류 최고의 합창곡이 뭔데요?

안 가르쳐 주~지.

어우, 유치해. 그런다고 조회 수 올라가는 거 아니거든요.

ㅋㅋㅋ

띵동, 아냐. 그거 때문에 구독자 수 많이 늘었어.

거봐. 참, 음표야! 너, 밀라노 가고 싶다고 했지? 궁금한 거 있으면 물어봐. 내가 밀라노에서 유학했잖아.

실은 제가 아니고요. 엄마 때문이에요.

어머니가 왜?

하하, 그랬구나. 암튼 성악 공부하려면 밀라노 말고 딴 데 가지 마세용~.

아유, 쌤!

아, 몰라요. 뭐, 프라단지 프라닭인지 가방 사서야 한다고.

보헤미아의 선율로 쓴 체코의 애국 선언문

5

스메타나, 교향시
《나의 조국》 중 〈블타바〉

친구들, 안녕하세요? 클래식 음악을 쉽고 재미있게! '음표에 걸린 세계사' 반음표입니다. 오늘은 또 어떤 멋진 곡을 들어보게 될지 기대되는데요. 클래식 음악과 역사를 잘 버무려 주시는 엉클 쌤 모시고 재미난 이야기 나눠 볼게요. 어서 오세요.

 안녕하세요? 클래식 음악으로 세계사를! 엉클 쌤입니다.

쌤, 오늘은 어디로 안내해 주실 건가요?

보헤미아로 떠나 볼까 합니다.

보헤미아요? 그런 나라도 있어요?

체코의 수도 프라하 인근 지역을 보헤미아라고 해요.

 그래요? 그럼 오늘은 프라하로 가는군요. 얼마 전에 세계 여행 소개 프로그램에서 프라하 편을 봤는데, 프라하성과 카를 다리가 무지 예쁘더라고요. 옛 시청사에 있는 천문 시계도 신기하고요.

 나는 몇 년 전에 프라하를 직접 여행한 적이 있어요.

 어머, 어떠셨어요?

 정말 아름다운 도시였어요. 프랑스 조각가 로댕이 왜 '북쪽의 로마'라고 했는지 알겠더라고요. 그만큼 역사와 전통이 잘 보존된 곳인데요. 프라하에 대해 굉장히 인상적인 장면이 하나 있습니다. 비행기가 체코에 거의 다 도착할 즈음이었죠. 기내에서 귀에 익은 선율이 흘러나오는 겁니다. 그 음악을 들으며 프라하 시내를 내려다보는데, 무지막지한 감동이 몰려오더군요.

 어떤 음악이길래 그렇게 감동하셨어요?

 스메타나의 〈블타바〉라는 곡이었습니다.

 혹시 오늘 소개해 주실 곡인가요?

 그렇습니다. 폴란드 하면 쇼팽, 쇼팽 하면 폴로네이즈인 것처럼, 체코 하면 스메타나, 스메타나 하면 바로 〈블타바〉죠. 블타바는 우리의 한강하

고 비슷한데요. 독일어인 몰다우로 더 많이 알려져 있죠.

 아휴, 진작에 그렇게 말씀해 주시지. 몰다우는 제가 잘 알죠. 왈츠 〈아름답고 푸른 몰다우〉가 굉장히 유명하잖아요. 라라라 라~라라.

 아, 요한 슈트라우스 2세의 왈츠는 몰다우가 아니라 도나우인데…… 〈아름답고 푸른 도나우〉. 암튼 스메타나는 체코를 대표하는 작곡가인데요. 그가 작곡한 〈블타바〉는 〈히브리 노예들의 합창〉이 이탈리아에서 국민 음악으로 사랑받은 것처럼 체코 사람들에게 널리 사랑받는 곡입니다.

 그래요? 어떤 곡이길래요?

체코의 역사와 자연과 전설을 음악으로 표현한 연작 교향시

《나의 조국》 가운데서 가장 유명한 곡입니다.

교향곡은 알겠는데 교향시는 처음 들어 봐요.

교향시는 '교향곡 + 시'라고 이해하면 됩니다. 교향곡처럼 악기로 연주되는 기악곡이지만, 시처럼 이야기를 넣고 제목을 붙인 연주곡이죠. 4악장으로 구성된 교향곡과 달리, 교향시는 단악장으로 이루어져 있습니다.

그렇군요. 그런데 〈블타바〉가 체코를 상징하는 음악이 된 이유가 뭔가요?

스메타나가 이 곡을 쓸 때, 체코는 오스트리아의 지배를 받고 있었는데요. 스메타나는 불타는 애국심을 〈블타바〉로 표현했죠. 우리로 치면 3·1 운동 때의 독립 선언문처럼, 〈블타바〉는 선율로 쓴 체코의 애국 선언문이라고 할까요? 그 때문에 외세의 지배 아래 있던 체코 사람들의 민족의식을 불러일으켰고, 지금까지 사랑받는 곡이 되었습니다.

〈블타바〉에 어떤 이야기가 담겨 있는지 불타는 궁금증이 생기네요. 스메타나가 어떤 작곡가인지 먼저 알아보고, 〈블타바〉 속에 담긴 역사 이야기 들어 보겠습니다. 친구들, '음표에 걸린 세계사' 시간엔 딴 데 가지 마세용~.

딴 데 가지 마세용~, 이제 그만해도 될 거 같은데. 암튼 스메타나는 1824년에 체코에서 태어난 작곡가이자 피아노 연주가입니다. 대표곡으로 오페라 《팔려 간 신부》, 현악 4중주

〈나의 생애로부터〉, 교향시 《나의 조국》 중 〈블타바〉가 있
습니다. 〈블타바〉가 어떻게 체코 사람들의 애국심을 고취했
고, 오늘날까지 큰 사랑을 받고 있는지 궁금한가요? 자, 지
금부터 만나 보시죠.

연주는 리스트처럼, 작곡은 모차르트처럼

다른 위대한 작곡가가 그린 것처럼, 스메타나도 어려서부터 이미
음악가의 싹이 보였습니다. 다섯 살 때 바이올린을 연주하고, 여섯 살
때 피아노 연주회를 열 정도로요.

쇼팽이 바르샤바를 떠나 더 넓은 세계로 나간 것처럼, 십 대 소년 스메타나도 수도인 프라하로 유학을 떠났습니다. 예술의 도시 프라하는 시골에서 자란 스메타나에게 그야말로 신세계였지요. 밤마다 열리는 연주회를 보느라 학교 수업에도 빠지기 일쑤였답니다. 그렇게 음악에 대한 열정이 불타오르던 어느 날, 스메타나는 프라하를 방문한 리스트의 피아노 연주를 보고 한 가지 결심을 했습니다.

"연주에선 리스트, 작곡에선 모차르트 같은 음악가가 되겠어."

그런 그에게 음악의 물줄기를 바꾸는 사건이 발생했는데요. 바로 1848년 2월, 프랑스에서 일어난 '2월 혁명'이었어요. 부자들에게만 투표권을 주는 게 부당하다고 느낀 시민들이 자신들에게도 투표권을 달라고 요구하면서 들고일어난 거였지요.

그 후 프랑스에서는 왕정이 무너지고 공화정이 세워졌습니다. 나폴레옹 이후 유럽의 정치를 주도하던 빈 체제가 무너졌거든요.(빈 체제는 1814년에서 1915년까지 오스트리아의 수도 빈에서 유럽 열강들이 모인 회의에서, 프랑스 혁명 이전의 옛날 체제로 돌아가자고 결정한 걸 말해요.) 또한, 더 많은 자유와 평등과 조국의 독립을 염원하는 민족주의의 불길이 독일의 베를린을 휩쓴 뒤, 오스트리아의 빈을 거쳐 체코의 프라하까지 번져 나갔답니다.

순수하게 음악만 공부하던 스메타나였지만, 그 당시 누구 못지않게 피가 끓는 스물네 살의 청년이었습니다. 삼백 년 넘게 오스트리아 제국의 압제 아래 살아온 식민지 청년으로서 독립에 대한 열망이 있을 수밖에 없었지요.

스메타나는 작곡가답게 혁명군을 위해 〈국민 의용군 행진곡〉 등의 곡을 써서 혁명에 동참했습니다. 하지만 프라하 혁명은 오스트리아 군대에 무참히 진압되고, 스메타나는 좌절을 맛보게 되었어요. 혁명의 불씨가 사그라진 프라하 시내 한구석에서 그는 다시금 결심을 했지요.

"단지 아름다운 음악을 만드는 작곡가가 아니라 체코 민족을 위한 음악가가 되겠어!"

봉기를 진압한 오스트리아는 이전보다 더 체코인들의 자유를 억압했습니다. 스메타나는 프라하에서 더 이상 음악가로 활동하기가 어려워졌지요. 그러던 차에 리스트의 권유로 잠시 고국을 떠나 스웨덴으로 건너가 지휘자로 활동하게 되었어요.

체코어로 쓴 체코 민족의 이야기

조국을 떠나면 누구나 애국자가 된다는 말이 있죠? 이국땅에서 사는 동안, 스메타나는 조국을 사랑하는 마음이 더욱더 커졌습니다. 몇 년 동안의 망명 생활을 마치고 귀국한 뒤부터 진정한 체코의 작곡가로 활동하기 시작했어요.

그는 그동안 써 오던 독일어를 버리고 애써 체코어를 사용했습니다.

체코인이 왜 독일어를 썼냐고요? 일제 강점기 때 일본이 우리나라 사람들에게 일본어를 쓰도록 강요한 것처럼, 그 당시 오스트리아도 식민지 국민인 체코인들에게 독일어를 쓰라고 강요했기 때문이에요.

그래서 스메타나도 모국어인 체코어보다 독일어에 익숙했지요. 하지만 스메타나는 과감히 체코어로 말하고 쓰기 시작했습니다. 일상생활에서뿐만 아니라 《팔려 간 신부》 같은 오페라도 체코어로 작곡을 했지요.

그 무렵 프라하에서는 2월 혁명의 영향으로 체코 민족 부흥 운동이 활발히 전개되었는데요. 스메타나는 깊은 고민에 빠졌습니다. 어떻게 하면 동포들의 독립심과 애국심을 드높이는 곡을 쓸 수 있을까?

그런데 그에겐 시간이 얼마 남아 있지 않았습니다. 베토벤처럼 귀에서 윙윙거리는 벌레 소리가 나고, 다른 사람의 말이 들리지 않기 시작했거든요. 어떻게든 서둘러야 했습니다. 길고 긴 고민 끝에 한 가지 아이디어를 얻었지요.

'체코 민족의 이야기를 쓰자!'

그런 생각으로 작곡한 곡이 바로 교향시 《나의 조국》입니다.

내 가족, 내 동포, 내 조국을 위한 대서사시

《나의 조국》은 체코 민족의 역사와 자연과 전설을 음악으로 그려

낸 대서사시입니다. 옛 체코 왕국의 성, 체코 민족의 젖줄인 블타바 강, 전설의 체코 여전사, 체코의 자연 등을 여섯 편의 곡으로 작곡했지요. 스메타나는 아무것도 들을 수 없는 절망 속에서 두 번째 곡 〈블타바〉를 작곡했습니다. 그 곡을 쓸 무렵, 그는 친구에게 이런 편지를 보냈습니다.

"나는 인생을 끝장낼 만큼 절망적인 상황에서 스스로를 지탱하기 위해 온갖 용기를 다 끌어모으고 있다네. 내 가족과 내 조국을 위해 곡을 써야겠다는 열정, 우리 동포들에 대한 연민이 내게 힘을 주었고, 내 창조적인 생각들을 지켜 주었네."

〈블타바〉의 스토리는 이렇게 진행됩니다. 두 개의 작은 샘에서 발원하여 하나로 모인 강줄기가 사냥꾼의 숲을 지나고, 농부들의 흥거운 결혼식을 지나고, 달빛 아래 춤추는 요정들을 지나고, 급류를 만나 소용돌이치다가 프라하를 향해 잔잔히 흘러갑니다. 그러다 마침내 민족의 성지인 옛 성을 보듬은 뒤 장엄하게 사라지지요.

스메타나는 그런 강물의 모습을 체코의 민속 춤곡인 폴카의 리듬과 선율을 가져다 재창조해 내었습니다.

곡을 쓰기 시작한 지 육 년 만에 《나의 조국》을 완성하고는 프라하 시에 헌정했습니다. 《나의 조국》은 체코 사람들에게 강한 애국심을 불러일으켰고, 유유히 흐르는 블타바강 물결 위에서 널리널리 울려 퍼졌지요. 하지만 안타깝게도 청력을 잃은 작곡가는 장엄하고도 아름다운 자신의 선율을 단 한 번도 듣지 못했습니다.

삼백 년에 걸친 체코 독립운동

폴란드, 체코, 헝가리를 동유럽 3인방이라고 부르는데요. 체코는 엄밀히 말하면, 동유럽에 속한 나라는 아니랍니다. 유럽 지도를 보면, 한가운데에 체코가 자리 잡고 있어요. 과녁의 10점 만점 노란색처럼요.

그래서 체코는 동유럽이 아니라 중부 유럽이라고 해야 더 정확해요. 이런 위치 탓에 체코는 천 년 전부터 주변에 있는, 즉 동서남북 세력의 교차로 역할을 했어요. 그 바람에 걸핏하면 전쟁터가 되었지요. 체코 땅을 차지하는 자가 유럽을 지배한다는 말이 생겨날 정도였답니다.

아주 옛날 슬라브 민족이 터를 잡은 체코는 10세기부터 수많은 외침을 받았어요. 그러다가 체코 국왕인 카를 4세 때(우리나라로 치면, 조선 시대가 막 시작될 즈음이에요.) 반짝 전성기를 누렸습니다. 카를 4세

카를 4세 초상화

는 은광을 개발해서 경제를 발전시키고 영토를 넓혀서 체코를 강하고 부유한 나라로 만들었답니다.

그러나 카를 4세 이후 체코는 왕권 다툼 등으로 힘이 약해져서, 1600년대 후반부터 오스트리아의 지배를 받게 되었어요. 그러다가 1918년에 독립을 했으니, 삼백 년 넘게 외세의 지배를 받았던 셈이지요. 우리가 일본의 지배를 받은 기간보다 자그마치 열 배쯤 길어요.

스메타나가 살던 1800년대의 체코는 오스트리아의 식민지였어요. 체코 사람들은 체코어 대신 독일어를 써야 했지요. 프라하시를 가로지르는 블타바강이 몰다우강으로 더 많이 알려진 것도 그 때문이에요.

그러던 1848년, 프랑스에서 시작된 2월 혁명의 영향으로 체코에 민족주의 바람이 불기 시작했어요. 1859년에 오스트리아가 이탈리아와의 전쟁에서 패하고, 1866년에는 프로이센에도 패해서 한없이 힘이 약해지자 민족주의 바람은 더욱더 거세게 불어 대었답니다. 곳곳에 근대식 학교를 설립하고, 독일어 대신 체코어를 쓰고, 체코어 사전을 만들고, 체코 문학 작품을 열심히 창작했지요.

음악 분야에서는 민족 고유의 음악을 작곡에 활용하는 국민 음악파가 활발히 활동했는데요. 체코 국민 음악의 선구자였던 스메타나가 독일어를 버리고 체코어로 오페라를 쓰기 시작한 것도 바로 이 무렵이었어요.

하지만 뜻한 만큼 독립을 쉽게 이루진 못했습니다. 체코가 삼백 년 넘는 식민 지배에서 벗어난 건 독일과 한편이었던 오스트리아-헝가리가 제1차 세계 대전에서 패하고 난 뒤였답니다.

스치듯 지나간 프라하의 봄

사실 체코의 독립은 딱 이십 년 동안 만이었어요. 1938년에 독일의 히틀러가 체코에 사는 독일인들을 보호한다는 구실로 체코 땅을 달라고 요구했어요. 영국과 프랑스, 이탈리아는 세계 대전을 피하려고 히틀러의 요구를 순순히 들어주었지요.

당사국인 체코를 쏙 빼놓고서 네 나라가 자기들 맘대로 체코 땅을 독일에 넘겨주기로 한 이 결정을 '뮌헨 협정'이라고 불러요. 이 장면도 어딘가 익숙하지요? 우리나라가 광복을 맞이한 뒤, 미국과 소련은 당사자인 우리를 쏙 빼놓고 자기들끼리 남한과 북한으로 나누잖아요.

아무튼 뮌헨 협정으로 체코의 영토 일부를 빼앗은 히틀러는 곧이어 체코 전체를 점령해 버렸어요. 그러고 나서 이듬해인 1939년 9월, 폴란드 침공을 시작으로 제2차 세계 대전을 일으켰지요.

'프라하의 봄' 당시 시위대와 점령군이 격돌했던 비츨라프 광장

그때 체코 사람들은 연합군 편에 서서 독일군과 맞서 싸웠어요. 그러다가 1945년, 독일이 항복한 뒤 비로소 자유를 되찾게 되었답니다. 하지만 체코에 공산주의 정권이 들어서는 바람에 또다시 자유를 억압받으며 살게 되었답니다.

그러던 1968년 봄, 체코 사람들은 자유와 민주주의를 쟁취하기 위해 공산당 독재와 싸웠어요. 그 덕분에 체코에도 민주주의가 실현되는 것 같았지요. 하지만 공산 국가의 '형님' 격인 소련군이 탱크로 짓밟는 바람에 '프라하의 봄'이라 불린 잠깐의 민주주의는 끝이 나고 말았답니다.

그 뒤로 암울한 공산 독재가 이어졌는데요. 1989년, 소련과 동유럽의 공산 정권이 무너질 때 비로소 민주주의를 쟁취했어요. 아무런 폭력과 희생 없이, 벨벳 천처럼 부드럽게 공산 정권을 무너뜨렸다고 해서 체코의 민주 혁명을 '벨벳 혁명'이라고 부르지요.

시련 속에서 피어난 명곡

 아, 가슴 아픈 얘기네요. 작곡가들은 왜 모두 이런 아픔을 겪는 거예요?

 그러게 말입니다. 스메타나는 청력을 잃은 아픔 외에 그보다 더한 시련 속에서 〈블타바〉를 작곡했어요.

 흠, 작곡가에게 안 들리는 것보다 더 큰 시련이 있나요?

앞서 베르디가 아들, 딸, 부인을 모두 잃은 아픔 속에서 〈히브리 노예들의 합창〉을 작곡했다고 했죠? 스메타나도 그랬어요. 세 딸과 아내를 잃은 슬픔 속에서 그 곡을 작곡했거든요. 조개 속 진주는 고통 속에서 생겨난다고 하는데, 베토벤과 베르디, 스메타나 모두 큰 시련 속에서 명곡을 탄생시켰다고 할 수 있죠. 그런 거 보면, 나는 그런 시련이 없어서 위대한 곡을 쓰지 못하는 걸까요?

 에이, 설마요. 시련이 없어서가 아니라 실력이 없어서겠죠. 호호호. 앗, 죄송.

 괜찮아요. 그분들이 달리 위대한 작곡가겠어요? 그런 시련을 딛고 위대한 곡을 남겼으니 대단한 거겠죠.

그런데 작곡가는 모두 애국자인가요? 쇼팽, 베르디, 스메타나, 다 그런 거 같아서요.

 모든 작곡가가 다 그렇지는 않겠죠. 하지만 그때가 그럴 수밖에 없는 시대였어요. 그 당시 유럽은 독립을 추구하는 민족주의 운동이 들불처럼 일어나던 때였거든요. 외세의 지배를 받는 나라의 작곡가들이다 보니, 너나없이 애국심을 가지고 작곡을 하게 된 거죠.

 쌤 말씀을 들으니, 프라하의 블타바 강가에 앉아 불타는 노을을 바라보며 〈블타바〉를 듣고 싶네요.

 프라하에 갈 거라면 5월이 딱 좋아요. 해마다 5월 12일 스메타나의 기일에 맞춰 프라하의 봄 음악제가 열리는데요. 전야제 때 시민 극장 스메타나 홀에서 《나의 조국》 전곡이 연주되거든요. 프라하도 보고 연주회도 보고.

 꿩 먹고 알 먹고? 프라하의 봄 음악제, 꼭 기억해 둘게요. 지금까지 체코 국민의 애국심을 불러일으킨 스메타나의 〈블타바〉 이야기를 들어 봤는데요. 〈블타바〉 들으면서 마칠게요. 다음 시간에 만나요. 안녕~.

방송이 끝나고 난 뒤 ♪

음표, 네가 나한테 어떻게 그럴 수가 있니?

네? 갑자기 무슨 말씀이세요?

내가 시련이 없어서가 아니라 실력이 없어서 곡을 못 쓴다고?

아유, 그건 농담이죠.

너, 수업 시간에 쌤한테 시련 한번 당해 볼래?

쌤! 수업으로 복수하시면 엄청 유치해지시는 거 알죠?

하하, 농담이야. 조회 수 좀 올려 보려고 그랬어.

마이크도 꺼졌는데 무슨 조회 수를 올려요?

띵동, 마이크 안 꺼졌어.

뭐라고?

나는 음악실 가서 〈아름답고 푸른 몰다우〉나 들어야겠다. 라라라 라~라라.

스페인 내전의 상처를 보듬다 6

카잘스, 민요 〈새의 노래〉

친구들, 안녕하세요? 클래식을 쉽고 재미있게! '음표에 걸린 세계사' 반음표입니다. 어느새 여섯 번째 시간을 맞았네요. 저는 프로그램을 진행하면서 클래식 음악과 세계사 관련 지식이 뿜뿜 쌓이는 것 같은데 여러분은 어떤가요? 클래식 여행 가이드 엉클 쌤 나오셨습니다. 쌤, 어서 오세요.

안녕하세요? 클래식 음악으로 세계사를! 엉클 쌤입니다.

지난 시간엔 스메타나를 만나러 프라하에 다녀왔는데요. 오늘은 어디로 안내해 주실 건가요?

정열과 낭만의 도시, 스페인의 바르셀로나로 떠나 볼까 합니다.

어머, 바르셀로나요? 바르셀로나에 천재 건축가 아우디가 설계한 성 파밀리아 성당이 있잖아요. 그거 보고 싶어요.

아, 네. 그런데 그 건축가 이름은 아우디가 아니라 가우디 아닌가요? 아우디는 독일 자동차 회사 이름이고.

 호호, 그런가요? 헷갈렸네요. 그런데 바르셀로나에서 누구를 만나려고요?

 오랜만에 퀴즈 하나 풀고 갈까요? 사람 목소리와 가장 닮은 악기는 무엇일까요? 1번 피아노, 2번 바이올린, 3번 첼로, 4번 트럼펫.

 사람 목소리와 가장 닮은 악기라……, 어렵네요. 혹시 입으로 부니까 트럼펫 아닌가요?

 땡! 아닙니다. 정답은 3번 첼로입니다. 첼로의 중저음 음색이 사람 목소리와 가장 닮았다고들 하죠.

 그래요? 오늘은 첼로 곡 이야기를 해 주실 건가 봐요.

 그렇습니다. 첼리스트 파블로 카잘스와 스페인의 아픈 역사 이야기를 해 볼까 합니다.

 첼로라면 제가 잘 알죠. 바흐의 〈무반주 첼로 모음곡〉인가? 저희 엄마 휴대폰 컬러링 음악이거든요.

 많은 사람이 좋아하는 곡이죠. 첼로의 성경이라고 부를 만큼 대표적인 곡이니까요. 그 곡과 관련된 에피소드가 하나 있습니다. 파블로 카잘스가 열세 살 때 바르셀로나의 고악보 서점에서 구석에서 먼지를 뒤집어쓰고 있던 바흐의 악보를 발견합니다. 하도 기뻐서 흥분한 나머지, 악보를 사 와서 매일매일 연습한 끝에 십이 년 만에 처음으로 세상에 알리

게 되죠. 여섯 편 전곡을 녹음한
건 악보를 발견한 지 이십육 년이
지난 뒤였습니다. 그만큼 그 곡이
어렵고 소중했단 이야기겠죠.

 우아, 그런 히스토리가 있었군요.
카잘스가 아니었으면 그 곡은 세
상의 빛을 못 볼 뻔했네요.

 꼭 그런 건 아닙니다. 흔히 바흐
의 〈무반주 첼로 모음곡〉을 카잘

스가 처음 발견했다고들 하지만, 사실은 그 전에 이미 연주
되었다고 합니다. 다만 모음곡 전체가 연주된 건 아니고, 한
편씩 연습용으로 쓰였는데요. 카잘스가 모음곡 전체를 훌륭
한 연주용 곡으로 세상에 데뷔시킨 셈이죠.

 그렇군요. 오늘의 주제인 바흐의 〈무반주 첼로 모음곡〉이
세상에 알려진 사연 잘 들어 봤는데요. 그럼 이제 그 곡 속에
숨겨진 역사 이야기 들어 볼까요?

 오늘 소개할 곡은 그 곡이 아닙니다. 바흐의 〈무반주 첼로
모음곡〉이 카잘스와 떼려야 뗄 수 없을 만큼 중요한 곡이지
만, 그보다 더 의미 있는 곡이 있거든요.

 흠, 어떤 곡인데요?

 스페인 카탈루냐 지방의 민요 〈새의 노래〉입니다. 예수 탄

생을 새들이 축하하는 내용인데요. 카잘스가 이 곡을 편곡해 연주하면서부터 스페인 내전을 상징하는 곡이 되었죠.

내전이요?

한국 전쟁처럼 한 나라 안에서 같은 민족끼리 치고받고 싸우는 걸 내전이라고 해요. 카잘스는 내전을 겪은 동포들의 아픔을 위로하고, 스페인의 평화를 호소하기 위해 죽는 날까지 〈새의 노래〉를 연주했어요.

아, 그런 사연이 있었군요. 그럼 카잘스에 대해 좀 더 알아본 다음, 〈새의 노래〉에 얽힌 역사 이야기 들어 보도록 하죠. 친구들, 아시죠? 엉클 쌤 시간엔 딴 데 가지 마세용~.

첼리스트이자 작곡가인 카잘스는 1876년에 스페인 카탈루냐 지방의 작은 바닷가 마을에서 태어났습니다. 바흐의 〈무반주 첼로 모음곡〉을 세상에 알렸고, 평생토록 스페인 독재 정부에 맞서며 정의와 평화를 위해 헌신했지요. 그가 편곡한 〈새의 노래〉가 어떻게 스페인 내전을 상징하는 곡이 되었는지 궁금한가요? 다 같이 만나러 가 보시죠.

열한 살 소년의 첫사랑, 첼로

바르셀로나 인근의 마을을 돌아다니던 악단이 어느 날, 열한 살 꼬마 파블로가 사는 마을에서 연주회를 열었습니다. 아버지를 따라 음악회에 간 파블로는 처음 보는 악기에 그만 마음을 홀딱 빼앗기고 말았습니다.

그 악기가 첫 음을 내는 순간, 소년은 그 소리에 압도되어 버렸지요. 훗날 "숨을 쉴 수 없을 것같이 아름답고 부드러우며, 인간적인 빛이 나를 가득 채우는 느낌이 들었다."라고 회상할 정도로요.

꼬마 파블로가 첫눈에 반한 악기는 첼로였습니다. 파블로는 아버지에게 이렇게 말했어요.

"저 악기는 이때까지 들었던 것 중에서 제일 멋져요. 저걸 연주하고 싶어요."

아버지는 곧장 파블로에게 첼로를 사 주었습니다. 그 후 첼로는 카잘스에게 팔십 년을 함께한 친구이자, 불의와 맞서 싸우는 무기가 되었지요.

바르셀로나에서의 마지막 리허설

1936년 7월의 어느 날 저녁. 카잘스는 내일 있을 연주회의 최종 리허설을 하고 있었습니다. 곡목은 인류애를 노래한 베토벤의 〈합창〉 교향곡이었지요. 마지막 4악장 연습에 들어가려 할 때, 급하게 편지 한 통이 전달되었습니다.

"프랑코 군대가 반란을 일으켜 바르셀로나로 진격해 온다고 합니다. 리허설을 중단하고 즉시 집으로 돌아가십시오."

카잘스는 단원들을 둘러보며 이렇게 말했습니다.

"친구들이여, 우리가 언제 다시 만나게 될지 모르지만 서로에 대한 작별 인사로 마지막 악장을 연주할까요?"

곧 오케스트라의 연주가 시작되었어요. 합창단은 4악장의 하이라이트인 '환희의 송가'를 불렀습니다. 지휘자 카잘스와 연주자, 합창단 모두의 눈에서 눈물이 뚝뚝 흘러내렸답니다.

카잘스! 팔꿈치를 잘라 버릴 거야

1936년에 스페인의 군인인 프랑코가 선거를 통해 적법하게 구성된 공화국 정부를 뒤엎기 위해 반란을 일으켰습니다. 반란군은 독일과 이탈리아의 지원을 받으며 승승장구했지요. 1939년까지 이어진 이 전쟁을 스페인 내전이라고 해요.

공화국 정부를 지지한 카잘스는 반란군에 맞서 생애 처음으로 무기를 손에 들었습니다. 그 무기란 바로 자신의 분신과도 같은 첼로였지요. 카잘스는 피난민들을 위한 기금을 마련하기 위해 전 세계를 돌아다니며 자선 음악회를 열면서 방송을 통해 도움을 호소했습니다.

"세계 시민 여러분! 우리 공화국이 말살당하지 않도록 도와주십시

오. 우리가 프랑코와 히틀러에게 무너지면 다음 제물은 여러분이 될 것입니다."

반란군 쪽에서도 방송을 통해 반격했습니다.

"카잘스! 잡히기만 해 봐. 다시는 첼로를 연주할 수 없도록 팔꿈치를 잘라 버릴 거야!"

바르셀로나 함락을 앞둔 1939년 1월, 카잘스는 프랑스로 망명을 떠났습니다. 조국 스페인이 평화를 되찾는 날에 반드시 돌아오겠다고 굳게 다짐을 하면서요. 그는 그리운 고국 땅을 과연 다시 밟을 수 있을까요?

나의 조국은 카탈루냐

스페인 내전은 공화국의 패배로 끝이 났습니다. 내전 중에 이미 수십만 명이 사망했고, 내전이 끝난 후에도 반란군은 공화국에 가담한 사람들을 대대적으로 숙청했지요.

반란군 수괴인 프랑코 장군은 그 후 삼십육 년 동안 죽을 때까지 독재 정치를 펼쳤습니다. 그 때문에 카잘스는 끝내 그리운 고향 카탈루냐로 돌아가지 못했답니다.

망명자 신세가 된 카잘스는 프랑스의 난민촌에서 동포들과 함께 생활하며 난민 구호 활동을 펼쳤습니다. 그러는 동안 히틀러는 제2차 세계 대전을 일으켰고요. 카잘스가 예견했던 것과 똑같이 말이죠.

1945년 제2차 세계 대전이 히틀러의 패배로 끝나자 카잘스는 영국의 초청을 받아 런던으로 갔습니다. 카잘스는 BBC 방송에 나와 프랑코 독재 치하에서 억압받고 있는 카탈루냐 동포들에게 호소했어요.

"여러분과 나의 조국은 카탈루냐입니다. 카탈루냐가 다시 평화를 되찾는 그날까지 한 형제로서 노력합시다."

연설을 마친 카잘스는 자신이 편곡한 카탈루냐의 민요 〈새의 노래〉를 처음으로 연주했습니다. 슬프고 애절한 느낌이 드는 곡이었습니다. 이후 그 곡은 망명자를 위한 노래이자, 스페인의 민주주의를 염원하는 상징이 되었지요.

음악가 이전에 한 명의 인간

스페인 독재 정권에 맞선 카잘스의 투쟁은
여든이 넘은 나이에도 계속됩니다. 여전히 그
의 무기는 첼로였고, 전선은 전 지구였지요.

그의 관심은 이제 민주주의와 정의를 넘어
인류의 행복과 평화로 확장되었습니다. 미국
과 소련의 대립으로 핵전쟁의 공포가 확산되던
1962년 봄, 그는 미국 샌프란시스코에서 핵무
기를 반대하는 1인 평화 캠페인을 시작했어요.

홀로 평화 캠페인을 벌이는 이유를 묻는 기
자에게 그는 이렇게 답했답니다.

"나는 음악가 이전에 한 명의 인간입니다. 한 인간으로서 나의 첫
번째 임무는 내 동료, 즉 인간의 행복입니다. 나는 신이 내게 주신 수
단인 음악을 통해 이 의무에 봉사하려 합니다."

인류 평화를 위해 싸우는 그에게 세상은 어떻게 응답했을까요?

peace, peace, peace!

1971년 10월, 유엔은 인류의 평화를 위해 헌신한 카잘스에게 유엔

평화상을 수여했습니다. 아흔다섯 살의 거장 카잘스는 떨리는 목소리로 말했어요.

"나는 사십 년 가까이 공식적인 연주를 하지 않았습니다. 그러나 오늘은 꼭 연주해야겠습니다. 제가 연주할 곡은 〈새의 노래〉입니다. 새는 하늘을 날며 이렇게 노래합니다. 피-스, 피-스, 피이-스!"

그러고 나서 카잘스는 이렇게 덧붙였지요.

"이 음악은 바흐와 베토벤, 그리고 모든 위대한 작품만큼 사랑받고 존경받는 곡입니다. 이 아름다운 노래 속엔 나의 조국 카탈루냐의 혼이 깃들어 있습니다."

연설을 마친 카잘스는 의자에 앉아 〈새의 노래〉를 연주했습니다. 평화를 염원하는 그의 노래가 온 세계로 울려 퍼져 나갔답니다.

세계의 양심을 일깨운 스페인 내전

스페인 내전은 1936년부터 1939년까지 스페인에서 벌어진 전쟁이에요. 전쟁이 일어난 이유는 이래요. 1936년의 선거에서 좌파 연합이 승리해 정권을 차지했어요. 좌파 연합은 진보적이고 개혁적인 성향의 사람들이 뭉친 건데요. 정권을 잡은 이들이 개혁을 거세게 밀어붙이자 교회와 대농장주, 자본가, 군부 등의 우파 세력은 위기감을 느꼈어요. 프랑코 장군이 이들을 등에 업고 반란을 일으키면서 내전이 시

파시즘에 반대하여 자원 참전한 국제 여단 병사들

작되었답니다.

　내전 초기에는 반란이 성공하지 못할 것 같았어요. 하지만 반란군이 이탈리아의 무솔리니와 독일의 히틀러에게 병력과 무기를 지원받으면서 전세가 역전되었지요.

　공화국 정부도 자유 진영인 영국과 프랑스, 미국에 도움을 요청했지만 곧바로 거절당했습니다. 전쟁이 확대될까 봐 염려해서였다지요. 소련의 스탈린만이 얼마 안 되는 병력과 무기를 공화국 군대에 지원해 주었는데요. 공화국 안에서 내분이 일어나는 바람에 결국 반란군에 패하고 말았어요.

　스페인 내전은 제2차 세계 대전의 최종 리허설이라고 부르는데요.

독일의 히틀러가 최신 비행단과 병력을 파견해 제2차 세계 대전 예행 연습을 치렀기 때문이에요. 실제로 히틀러는 스페인 내전이 끝나고 나서 몇 달 지나지 않아 제2차 세계 대전을 일으켰지요.

스페인 내전은 인류 양심의 시험장이었다고 해요. 내전이 터지자 오십여 개 나라의 양심 있는 지식인과 청년들은 '파시스트' 프랑코를 물리치기 위해 스페인으로 들어갔어요. 파시스트란, 자기 국가만 최고로 여기는 아주 권위주의적인 독재자를 뜻하는데요. 세계의 양심 세력은 민주 공화국을 지키기 위해 국제 여단을 조직해 프랑코 반란군과 싸웠어요. 그들 중에 세계 문학사를 빛낸 작가들이 많아요.

미국 작가 헤밍웨이는 스페인 내전에 종군 기자로 활동하다가 아예 펜을 놓고 총을 들었어요. 훗날 스페인 내전에서 게릴라로 활동한 경험을 토대로 《누구를 위하여 종을 울리나》라는 소설을 썼지요. 제2차 세계 대전에도 기자로 참전했고, 이후 《노인과 바다》를 써서 노벨 문학상을 받았답니다.

영국 작가 조지 오웰은 스페인 내전 중에 바르셀로나 방어에 나섰다가 총알이 목을 관통해 죽다 살아났어요. 그는 내전 경험을 바탕으로 《카탈루냐의 찬가》라는 작품을 썼지요. 그 후 공산 독재와 소련의 스탈린을 풍자한 소설 《동물 농장》을 써서 세상을 놀라게 했고, 암울한 독재 사회를 풍자한 《1984》를 발표해 다시 한번 전 세계의 주목을 받았답니다.

전쟁은 아프고 슬프지만 그곳에서 피어난 예술은 참 빼어나지요?

전쟁 속에서 빛난 세 명의 파블로

스페인 내전을 빛낸 세 명의 파블로가 있어요. 첼리스트 파블로 카잘스, 화가 파블로 피카소, 칠레 시인 파블로 네루다가 그 주인공이에요. 파블로 카잘스는 스페인 내전 내내 피난민을 위한 자선 음악회를 열어 구호 활동을 펼쳤고, 전쟁이 끝난 뒤에도 망명자의 삶을 살며 전 세계에 조국의 고통을 알리고 평화를 되찾는 일에 매진했지요.

화가인 파블로 피카소는 그림으로 스페인 내전의 참상을 고발했어요. 스페인 북부 바스크 지역에 게르니카라는 마을이 있는데요. 1937년 4월 26일, 그 작은 마을을 독일의 전투 비행단인 콘도르 군단이 폭격했어요. 그 폭격으로 게르니카 주민 이백여 명이 죽었지요.

이 소식을 듣고 분개한 피카소는 프랑코와 히틀러의 만행을 전 세계에 고발하기 위해 그림을 그리기 시작했어요. 가로 7.6미터, 세로 3.4미터의 〈게르니카〉는 그렇게 탄생했답니다. 이 그림은 훗날 스페인 내전의 참상을 고발하고 평화를 염원하는 상징이 되었습니다.

칠레 시인 파블로 네루다는 스페인 내전이 일어나기 전, 스페인 수도 마드리드에 외교관으로 와 있었어요. 내전 중에 친구인 시인이 군부 독재 세력에 암살당하자 중립을 지켜야 하는 외교관 신분임에도 공화국의 승리를 기원하며 〈죽은 민병 대원 어머니들에게 바치는 노래〉라는 시를 지어 낭송했어요. 내전이 끝난 뒤에는 스페인 난민 이천여 명을 칠레로 안전하게 데려갔지요. 칠레에서 네루다는 독재에

파블로 피카소의 〈게르니카〉

저항하는 시를 써서 노벨 문학상을 받았어요.

　음악과 그림과 시, 즉 각자 다른 무기로 독재와 싸웠던 세 명의 파블로는 약속이라도 한 듯이 신기하게도 1973년 같은 해에 세상을 떠났답니다.

인류의 평화를 기원하는 〈새의 노래〉

 피-스! 평화를 외치는 모습이 완전 감동적이에요. 어떻게 백세 가까이 된 분이 첼로를 연주하고, 평화를 위한 활동을 했

을까요?

 그래서 카잘스를 첼로의 성자라고 부르나 봅니다. 단순히 최고의 첼리스트여서가 아니라 일평생 자유와 평화를 위해 헌신했기 때문에 말이죠.

 그렇군요. 그런데 아흔다섯 살에 첼로를 연주 하는 게 가능해요? 열다섯 살인 저도 힘든데.

 그는 아흔 살이 넘어서도 매일 여섯 시간씩 연습한 걸로 유명한데요. 누군가 카잘스에게 물었대요. "선생님은 최고의 연주가이신데 왜 아직도 연습을 하시나요?" 그랬더니 카잘스는 "지금도 연습을 하면 내가 발전하는 걸 느낀다네."라고 대답하더랍니다. 정말 드라마에나 나올 법한 이야기죠? 그런데 아흔다섯 살의 연주가가 말한 발전의 의미가 뭔지 아세요?

 저한테 왜 자꾸 어려운 걸 물어보시는 거예요?

하하, 어려운 질문이긴 하죠. 카잘스가 말한 발전이란 새가 나는 듯 쉽게, 물 흐르듯 자연스럽게 연주하는 거라네요.

그게 뭐예요?

아무리 쉽게 설명해도 아마추어는 모를 겁니다. 나 같은 프로 연주자라면 몰라도.

아, 네, 그러세요? 말씀 잘 들었고요. 마지막으로 실시간 댓글로 달린 질문 하나 소개할게요. "카잘스는 왜 자꾸 자기 조국이 카탈루냐라고 하는 거죠?"

그건 스페인 역사를 알아야 이해할 수 있습니다. 천 년 전, 바르셀로나 지역에 카탈루냐라는 왕국이 있었어요. 그 왕국이 몇백 년 뒤에 다른 왕국과 합쳐서 스페인 제국이 되었는데요. 그 뒤에도 카탈루냐 사람들은 여전히 카탈루냐어를 쓰고, 카탈루냐 문화를 지키며 살았죠.

그런 전통이 카잘스가 살던 때까지 이어져서 자기 조국이 카탈루냐라고 하는 겁니다. 지금도 카탈루냐 사람들 중엔 자기가 스페인이 아니라 카탈루냐 민족이라고 생각하는 이들이 많답니다. 2014년에 카탈루냐 분리 독립안을 놓고 투표를 했는데요. 80퍼센트가 넘게 카탈루냐의 독립에 찬성했다고 해요.

그렇군요. 지금까지 〈새의 노래〉에 숨겨진 스페인의 역사 이야기 잘 들었습니다. 〈새의 노래〉는 스페인 내전으로 고국을 떠난 망명자 사이에서 고향을 그리워하는 노래가 되었고, 온 인류의 평화를 기원하는 노래가 되었다는 얘기네요.

 스페인 내전은 제1차 세계 대전과 제2차 세계 대전 사이에 있어서 잘 모르는 사람이 많은데요. 세계사에서 굉장히 중요한 사건입니다. 그러다 보니 영화로도 많이 만들어졌지요. 내전에 직접 참가했던 미국 작가 헤밍웨이가 쓴 소설을 토대로 만든 〈누구를 위해 좋은 울리나〉가 있고요. 게르니카 참상을 다룬 〈게르니카〉라는 영화도 있습니다. 또, 〈판의 미로〉라고, 혹시 들어 본 친구들도 있을 텐데요. 어른을 위한 동화 같은 그 영화가 스페인 내전을 배경으로 한 영화예요. 〈죽은 자들의 골짜기〉라는 영화도 있으니까 꼭 한번 보기를 바랍니다.

 〈판의 미로〉는 저도 들어 봤어요. 한번 봐야겠네요. 그럼 저는 〈새의 노래〉 들으면서 인사 드릴게요. 피-스!

띵동, 아우디 좋았어. 그거 나가고 '좋아요' 폭발!

그거 재밌으라고 그런 거야. 설마 내가 가우디를 모르겠니?

에이, 아닌 거 같은데?

쌤! 이름이 뭐가 중요해요? 빨간 머리 앤의 이름에 e가 붙었든(Anne) 안 붙었든(Ann) 상상력이 풍부하고 어여쁜 아이라는 사실이 중요한 거죠!

갑자기 왜 발끈하고 그래? 네 얼굴이 앤의 머리처럼 빨개졌구나. 피~스.

그래. 음표야, 진정해. 잘못하다간 내전이라도 벌이겠다.

오선지, 말리는 네가 더 나빠. 친구 편을 들어줘야지. 그나저나 〈새의 노래〉는 왜 이리 슬픈 거니? 아, 저 소리는 새의 울음일까, 현의 떨림일까, 아니면 서글픈 내 마음의 울림일까?

히틀러를 물리친 희망의 비밀 암호문

쇼스타코비치, 교향곡 7번 〈레닌그라드〉

7

친구들, 안녕하세요? '음표에 걸린 세계사' 반음표입니다. 독서는 앉아서 하는 여행, 여행은 다니면서 하는 독서라는 말이 있지요? 클래식 여행 길잡이 엉클 쌤 모시고 재미있는 이야기 나눠 볼게요. 쌤, 어서 오세요.

 안녕하세요? 클래식으로 세계사를! 엉클 쌤입니다.

 쌤, 오늘은 어디로 안내해 주실 건가요?

 레닌그라드로 가 볼까 합니다.

 레닌그라드요? 그런 도시도 있어요?

 혹시 러시아의 상트페테르부르크라고 들어 보았나요? 거기가 레닌그라드입니다.

 들어 본 것 같기도 하고, 아닌 것 같기도 하고……. 잘 모르겠네요. 근데 왜 이름이 바뀌었죠?

 처음엔 상트페테르부르크였는데요. 러시아를 강국으로 성

장시킨 표트르 대제의 이름을 따서 표트르그라드로 바뀌었다가, 러시아 공산주의 혁명을 이끈 레닌의 이름을 따서 레닌그라드로 바뀌었어요. 지금은 원래대로 상트페테르부르크로 되돌아왔고요. 도시 이름이 하도 자주 바뀌다 보니까 이런 농담까지 생겼답니다. 상트레닌부르크라는……

아유, 말만 들어도 복잡하네요. 거기서 누굴 만나나요?

20세기 베토벤이라 불리는 쇼스타코비치를 만나 보려고 합니다.

우아! 그렇게 대단한 작곡가예요?

그렇습니다. 베토벤이 〈영웅〉으로 교향곡의 새 역사를 썼다고 했잖아요. 쇼스타코비치의 〈레닌그라드〉 교향곡은 그보다 더 길어요. 심지어 베토벤 교향곡 중에서 가장 긴 〈합창〉보다도 깁니다.

지난번에도 곡의 길이 가지고 위대하다 어쩌다 그러시더니, 교향곡에서 길이가 그렇게 중요한 거예요?

단순히 길이만 가지고 그러는 건 아니고요. 쇼스타코비치가 베토벤처럼 교향곡에서 두각을 나타내어서 그런 별칭이 생겼죠.

일단 알겠습니다. 그건 그렇고, 쇼스타코비치는 어떤 작곡가인가요?

지금까지 작곡가들이 자신이 경험한 역사적 사건을 작품으로 어떻게 표현했는지 살펴봤잖아요. 쇼스타코비치는 그중에서 가장 적극적으로 역사에 반응한 작곡가라고 할 수 있어요.

 가장 적극적으로 반응했다고요?

 그렇습니다. 쇼스타코비치는 제2차 세계 대전 당시 독일군이 레닌그라드를 침공해서 포탄이 마구 쏟아지는 현장에서 교향곡을 작곡했어요. 훗날 그 도시에서 연주가 되기도 했고요. 그 덕분에 20세기에 가장 유명한 교향곡이 되었죠.

 〈레닌그라드〉 교향곡에 어떤 사연이 깃들어 있는지 점점 더 궁금해지네요. 빨리 작곡가에 대해 소개해 주시죠.

 쇼스타코비치는 1906년에 러시아 상트페테르부르크에서 태어났어요. 오페라 《므첸스크의 맥베스 부인》과 여러 현악 4중주 곡을 작곡했죠. 교향곡 열다섯 편을 남겼고요. 그 가운데 제2차 세계 대전 중에 작곡한 〈레닌그라드〉 교향곡이 가장 유명합니다. 소심하고 내성적인 성격의 작곡자가 어쩌다 전쟁 교향곡을 작곡하게 되었는지 지금 만나 보시죠.

포탄이 떨어지는 전쟁터에서

제2차 세계 대전이 한창이던 1941년 6월, 독일의 히틀러가 선전 포고도 없이 소련을 침공했습니다. 이 년 전에 스탈린과 서로 침략하지 않겠다고 맺은 조약도 가차없이 깨 버리고 말이죠. 이를 '독소 전쟁'이라고 하는데요. 여기서 '소'는 소련을 뜻해요. 알고 있겠지만, 소련은 옛 러시아고요. 옛 러시아 제국의 수도였던 레닌그라드가 며칠 만에 독일군에게 포위되었습니다.

작곡가 쇼스타코비치는 고향을 지키겠다며 입대를 자원했습니다. 하지만 거절당했지요. 심사를 맡은 군인은 그의 시력이 안 좋아서 거절했다고 했지만, 실은 쇼스타코비치가 유명한 작곡가여서 그런 게 아닌가 싶어요. 결국 쇼스타코비치는 소방대에 자원해 의용 소방대원이 되었습니다.

무기를 들고 독일군과 맞서 싸울 수 없게 되자, 그는 고심 끝에 교향곡을 쓰기로 마음먹었습니다. 적을 무찌르기 위해 목숨을 아끼지 않는 동지들의 모습을 음악에 담고 싶었거든요.

그는 소방관으로서 음악원 옥상에서 경계를 서며, 사방에 포탄이

떨어지는 도시에서 빠르게 곡을 써 나갔습니다. 포탄이 비처럼 쏟아지던 9월의 어느 날, 쇼스타코비치는 라디오 방송에 나가 교향곡을 쓰고 있다는 사실을 알렸지요.

그러자 소련 당국은 그를 당장 안전한 곳으로 피신시켰습니다. 쇼스타코비치의 교향곡을 통해 소련 인민들의 사기를 높이고 싶었기 때문이지요. 러시아 문화가 형편없다고 비하하던 히틀러의 말이 얼마나 어처구니없는 궤변인지를 전 세계에 알리고 싶기도 했고요.

그러다 12월 말, 쇼스타코비치는 소련 군대가 모스크바 외곽에서 독일군을 물리치고 있다는 소식을 듣게 되었어요. 그는 승리를 예언하는 듯 장쾌하게 4악장을 마무리해 나갔습니다. 그러고는 4악장 표지에 당당히 〈승리〉라는 제목을 붙였지요.

육해공 특급 비밀 작전

이제는 악보를 서방 세계에 전달하는 일만 남아 있었는데요. 안타깝게도 소련에서 외부로 통하는 길이 죄다 독일군에 막혀 있었습니다. 악보를 수송하기 위해 특급 비밀 작전이 시행되었습니다. 악보를 마이크로필름으로 촬영한 뒤 한밤중에 비행기를 이용하여 이란의 테헤란으로 옮기는 거였어요.

그다음에는 트럭을 타고 이라크를 가로지른 후 홍해를 건너고 이집트 사막을 지나 배를 타고 브라질로 향했습니다. 그곳에서 비행기로 미국의 워싱턴을 거쳐 뉴욕에 전달하는 것이었지요.

육해공 특급 비밀 수송 작전 끝에 마침내 악보가 지구를 반 바퀴 돌아 안전하게 전달되었답니다.

〈레닌그라드〉 교향곡은 1942년 6월에는 영국 BBC 방송에서, 7월에는 미국 NBC 방송에서 연주되었습니다. 교향곡이 라디오에서 흘러나오자 미국에 쇼스타코비치 열풍이 불기 시작했어요. 〈레닌그라드〉를 좋아하지 않으면 비애국자 취급을 당할 정도였지요.

때마침 유명한 잡지 《타임》의 표지에 소방관 복장을 한 쇼스타코비치의 얼굴이 실리고, 급기야 쇼스타코비치와 〈레닌그라드〉 교향곡을 소재로 한 영화가 만들어졌답니다. 가히 그 열기가 극에 달할 정도였지요.

소련 당국은 〈레닌그라드〉 교향곡을 서방 세계에 알리는 데 성공한 것으로는 만족하지 않았습니다. 소련군의 사기를 드높이고 독일군의 사기는 꺾을 수 있는 극적인 이벤트가 필요했지요. 그건 바로 봉쇄된 도시 레닌그라드에서 〈레닌그라드〉 교향곡을 연주하는 것이었습니다.

포위된 도시에서 연주하다

레닌그라드 오케스트라의 지휘자는 네 권짜리 두툼한 악보를 받아 들고서 고개를 절레절레 흔들었습니다. 연주 시간이 한 시간 이십 분에 이를 만큼 긴 곡인 데다, 연주자가 백 명은 필요한 대편성의 곡이었기 때문이지요.

지금 있는 열다섯 명의 단원으로는 어림 반 푼어치도 없는 상황이었답니다. 소련 당국은 군악대의 관악기 연주자를 합류시켜 가까스로 연습을 시작할 수 있도록 했습니다.

하지만 연습도 녹록지 않았어요. 식량이 떨어져 오래도록 굶주린 연주자들의 영양 상태가 엉망이었거든요. 관악기 연주자는 폐에 힘이 들어가지 않아서 악기를 도무지 불지 못했어요. 소련 당국은 부랴부랴 식량 배급을 늘려서 하루에 이십여 분이라도 죽을힘을 다해 연습을 이어 가도록 했지요.

고난의 연습 끝에 드디어 연주회 날이 밝았습니다. 히틀러가 레닌그라드를 점령하면 호텔에서 축하 잔치를 열겠다고 떠벌린 바로 그날이었답니다.

그날 오전에 레닌그라드 방위 사령관은 시 외곽에 있는 독일군 진지를 향해 수천 발의 대포를 발사했습니다. 혹여라도 밤에 불을 밝힌 연주회장을 향해 독일군이 포격을 할까 봐 선제 타격을 감행한 것이었지요. 느닷없는 포격에 독일군은 진지를 복구하느라 여념이 없었어요.

그사이에 리허설을 무사히 마칠 수 있었습니다. 곧이어 관객들이 연주회장으로 구름처럼 몰려들었어요. 일 년 넘게 전기와 수도, 연료가 모두 끊긴 도시에서 추위와 배고픔과 폭격을 견디며 기적처럼 살아남은 사람들이었지요.

마침내 오케스트라가 〈레닌그라드〉 교향곡을 연주했어요. 연주 소리가 연주회장을 넘어 도시 전체로, 아니 도시 밖 독일군 진지에까지

멀리멀리 울러 퍼졌습니다.

4악장의 연주가 모두 끝나자 연주회장은 일순간 조용해지는가 싶더니, 이내 박수 소리가 우렁차게 터져 나왔답니다. 관객들은 너나없이 자리에서 일어나 한 시간 넘게 뜨거운 박수갈채를 보냈지요. 그날의 연주는 포위된 도시의 시민들이 도시 밖 사람들에게 전하는 비밀의 암호문이었어요.

'우리는, 아직, 살아 있어!'

히틀러, 스탈린의 등에 칼을 꽂다

제2차 세계 대전은 오스트랄로피테쿠스 이래 가장 많은 인명 피해를 낸 전쟁이에요. 무려 삼천만 명이 넘는 군인과 민간인이 희생되었지요. 이 모든 비극은 한 사람의 과대망상에서 비롯되었는데요. 그가 바로 히틀러예요. 히틀러는 왜 그런 비극적인 전쟁을 일으켰을까요?

1918년 제1차 세계 대전에서 패한 독일은 아주 죽을 맛이었어요. 식민지는 다 돌려주고, 자존심은 바닥을 치고, 막대한 전쟁 배상금을 물어주고, 물가는 하늘 높이 치솟았어요. 한마디로 살기가 엄청 팍팍했지요.

그때 마침 히틀러가 나타나 인종적으로 월등한 게르만족이 세계를 지배해야 한다며 독일 국민들을 부추겼답니다. 국민들은 히틀러에게 열광했어요. 그러니까 히틀러는 그런 국민들의 지지를 등에 업고 야심차게 전쟁을 일으켰던 거예요.

전쟁을 시작하기 일 년 전, 그는 같은 게르만족인 오스트리아를 합병한 뒤 스메타나의 조국 체코를 강제로 점령했어요. 그리고 나서는 폴란드에 제1차 세계 대전 때 가져간 독일 땅을 내놓으라고 협박했지요. 폴란드가 거부하자 1939년 9월 1일 새벽에 선전 포고도 없이 쇼팽의 나라 폴란드로 마구 쳐들어갔습니다. 음, 이로써 제2차 세계 대전이 시작되었답니다.

독일군은 유럽 땅을 빠르게 차지했어요. 백여 년 전에 나폴레옹이 그랬던 것처럼요. 독일의 목표는 서쪽의 프랑스와 영국이었는데요. 먼저 프랑스의 방어선인 마지노선을 우회해 점령했지요. (마지노선은 프랑스가 동쪽 국경에 구축한 750킬로미터의 철통 요새를 말해요. 앙드레 마지노 장군이 구축했다고 해서 마지노선이라고 부르는데, 우리나라에서는 주로 최후의 방어선이라는 뜻으로 쓰여요.)

그다음은 영국 차례였는데요. 히틀러는 폭격기와 전투기를 총동원해 영국을 공습했어요. 바다에서는 해저의 암살자라 불리는 전함 U보트 잠수함이 영국의 선박을 사정없이 침몰시켰지요. 하지만 영국이 완강하게 맞서는 바람에 점령하는 데는 실패했답니다.

그래서 히틀러는 어떻게 했을까요? 맞아요, 나폴레옹과 똑같이 소련을 먼저 치기로 했어요!

1941년 6월 22일 새벽, 독일군은 이번에도 선전 포고 없이 급작스

독소 불가침 조약 풍자화. '신혼 생활이 얼마나 오래 갈지 궁금한가?'라고 적혀 있다.

럽게 소련을 침공했어요. 이 년 전에 두 나라는 서로 침략하지 않겠다는 독소 불가침 조약을 맺었는데도 말이지요. 히틀러가 독단적으로 약속을 깨고 스탈린의 등에 칼을 꽂은 셈이에요.

독일군은 삼백만 명을 세 갈래로 나누어 소련 땅으로 진격했어요. 남부 집단군은 슬라브족에게 어머니의 땅인 우크라이나로, 중부 집단군은 소련의 심장인 모스크바로, 북부 집단군은 소련의 머리에 해당하는 레닌그라드로 쳐들어갔지요.

결과적으로 독일군의 소련 침공은 실패했어요. 봉쇄된 레닌그라드에선 시민들이 개와 고양이까지 잡아먹으며 힘겹게 버텨 주었고, 모스크바에선 수도를 지키기 위해 소련군이 맹렬하게 반격을 가했거든요. 남쪽에선 스탈린그라드(지금의 볼고그라드)를 놓고 치열한 전투가 벌어졌지만, 소련군이 독일군을 끝끝내 물리쳤습니다.

인류 역사상 최대 규모의 전쟁, 제2차 세계 대전

제2차 세계 대전은 나치 독일, 파시스트 이탈리아, 일본 제국 3국을 중심으로 한 추축국과, 미국과 영국, 소련, 중국, 프랑스가 이끄는 연합군이 맞서면서 1945년에 일본 제국이 항복할 때까지 총 육 년 동안 이어졌어요.

1944년 6월, 연합군은 프랑스령 노르망디 해안으로 대대적인 상륙 작전을 벌였는데요. 연합군은 프랑스를 해방시키고, 독일군을 동쪽으로 거침없이 밀어붙였지요. 소련군은 자기네 땅에서 독일군을 완전히 몰아낸 뒤 베를린으로 진격했고요.

그리하여 1945년 5월 9일, 소련군이 베를린을 함락했답니다. 히틀러는 열흘 전에 이미 베를린 지하 벙커에서 권총으로 자살한 상태였고요. 이것으로 히틀러가 일으키고, 이탈리아의 무솔리니가 가세한 제2차 세계 대전이 바야흐로 막을 내리게 되었지요.

앗, 일본이 남았네요. 일본은 제2차 세계 대전이 한창이던 1941년 12월, 하와이 진주만에 정박 중인 미국 함대를 기습 공격했어요. 이로써 미국과 일본의 태평양 전쟁이 시작되었지요. 일본군은 동남아시아와 남태평양 일대를 점령하며 기세를 올렸답니다. 그래서 독일이 항복한 뒤에도 전쟁을 멈추지 않았어요.

미국과 영국, 소련 지도자들은 일본에 무조건 항복하라고 통보했지요. 일본은 끝까지 싸우다가 죽겠다며 단호히 거부했고요. 결국 미군

히로시마 평화 기념관의 원폭 돔. 원자 폭탄이 떨어졌을 때 유일하게 남은 건물이다.

폭격기가 일본 히로시마 상공에 원자 폭탄을 떨어뜨렸어요. 며칠 뒤 나가사키에 한 발 더!

일본은 더는 버티지 못하고 결국 항복을 했답니다. 그때 우리나라도 광복이 되었지요. 머지않아 미국과 소련에 의해 남과 북으로 분단되었지만요. 제2차 세계 대전이 우리나라 역사에까지 큰 영향을 미쳤네요.

절망을 희망으로 바꾼 비밀 암호문

 정말로 극적이군요.

 그렇죠? 〈레닌그라드〉 교향곡의 연주가 끝난 뒤, 사람들은 그저 멍하니 서서 하염없이 울었다고 해요. 도시 외곽을 향해 확성기를 설치해 두어서 독일 병사들도 연주 소리를 들었는데요. 훗날 한 독일 병사는 그 당시에 이렇게 생각했다고 회상했습니다. '이 도시를 점령하기는 어렵겠구나.'

 〈레닌그라드〉 교향곡이 연주되고 나서 봉쇄가 풀렸나요?

 그건 아니에요. 그 후로도 일 년 반 넘게 봉쇄가 이어졌어요. 중요한 건 그날의 연주회가 레닌그라드 시민과 소련 사람들에게 절망을 희망으로 바꾸는 전환점이 되었다는 사실이죠.

 레닌그라드 봉쇄로 일백만 명이 넘게 죽었다면서요? 히틀러는 도대체 무슨 생각으로 그런 걸까요?

도시를 봉쇄해서 시민들을 서서히 굶겨 죽이려고 한 거죠. 히틀러는 유대인을 인간 이하의 생물로 봤어요. 슬라브족인 소련 사람들도 마찬가지였고요. 그는 슬라브족을 죽이거나 노예로 만들어 버리겠다고 떠벌리곤 했거든요. 그 때문에 소련 당국은 자신들이 문화적으로 얼마나 뛰어난 민족인지를 보여 주기 위해 더 기를 쓰고 〈레닌그라드〉 연주회를 성사시킨 거죠.

 포탄이 빗발치는 전쟁터에서 교향곡을 쓴 쇼스타코비치 덕분에 소련이 독일에 한 방 먹일 수 있었던 거군요.

 그런데 반전이 있습니다. 쇼스타코비치는 〈레닌그라드〉 교향곡을 히틀러 침공 이전에 구상했다고 증언한 적이 있어요. "그 곡은 스탈린이 파괴했고, 히틀러가 그 파괴를 마무리만 한 도시의 이야기다." 이렇게요. 그 때문에 오늘날까지

도 그가 저격한 대상이 스탈린인지 히틀러인지를 두고 논쟁이 이어지고 있죠.

쇼스타코비치는 왜 그런 말을 한 거예요?

소련의 독재자 스탈린은 자기네 국민 수백만 명을 죽이고, 집단 수용소로 보내는 만행을 저질렀어요. 쇼스타코비치도 하마터면 음악이 마음에 들지 않는다는 이유로 죽을 뻔했죠. 쇼스타코비치는 그런 스탈린을 히틀러 못지않은 독재자로 보고, 그를 저격할 곡을 진작부터 구상했다는 것인데요. 뭐가 진실인지는 몰라요. 쇼스타코비치에겐 히틀러나 스탈린이나 똑같이 악의 화신이었던 것만은 확실해요.

그랬군요. 쇼스타코비치가 레닌그라드에서 작곡한 〈레닌그라드〉 교향곡을 들으면서 오늘 순서를 마무리할까요?

잠깐만요!

왜요? 시간이 얼마 남지 않았는데?

지난번 차이콥스키 편에서 나폴레옹이 러시아 원정을 떠났을 때, 1812년이라는 연도보다 날짜가 더 역사적인 의미가 있다고 얘기했던 거 기억나요?

글쎄요, 기억이 나는 것 같기도 하고, 안 나는 것 같기도 하고……

나폴레옹이 러시아 침공을 개시한 날짜가 6월 22일이에요. 히틀러가 소련 침공을 개시한 날짜도 6월 22일이고요. 우연

일까요? 아닙니다. 히틀러는 나폴레옹을 따라서 침공 날짜를 정한 겁니다. 그렇게 나폴레옹 흉내를 내다가 나폴레옹처럼 폭삭 망한 거죠.

 히틀러는 실패한 역사에서 아무런 교훈을 얻지 못했나 보네요. 쌤, 오늘도 재미나고 유익한 이야기 들려주셔서 감사드려요.

 앗, 잠시만요. 오늘도 관련 영화 한 편 소개할게요. 〈레닌그라드〉라는 영화인데요. 구백 일간의 사투를 벌인 레닌그라드 전투와 그곳에서 살았던 사람들의 이야기를 다루고 있어요. 강추합니다.

 네, 꼭 챙겨 보겠습니다. 저는 〈레닌그라드〉 들으면서 인사드릴게요. 친구들, 다음 시간에 만나요. 안녕~

♪ 방송이 끝나고 난 뒤 ♪

쌤, 쇼스타코비치가 포탄이 떨어지는 도시에서 교향곡을 작곡한 건 대단한데요. 저는 처음 들어 본 작곡가예요. 이 사람이 그렇게 유명해요?

얼마나 대단하면 붉은 베토벤이라는 별명이 붙었겠니?

붉은 베토벤? 흠, 머리카락이 붉은색이었나요?

소련의 베토벤이라는 뜻이야. 공산주의 나라를 붉은색으로 표현하거든. 곡을 들어 보면 알겠지만, 스케일이 아주 크고 웅장해. 광활한 러시아 벌판처럼.

이건 뭐지?

쩝, 아는 곡이 없어서…….

이 곡, 혹시 들어 봤니? 쿵짝짝, 쿵짝짝, 라~라라라~.

네, 들어 봤어요!

이 곡이 바로 쇼스타코비치가 작곡한 재즈 모음곡 2번 중 왈츠야. 운전할 때 이 곡을 들으면 심장이 터질 것 같지. 태양을 향해 날아가는 듯한 느낌이 든다고나 할까?

운전할 때 들으시면 안 되겠네요. 자동차가 공중으로 붕 떠서 날아가면 곤란하잖아요. 호호호.

뭐?

머나먼 8
이국땅에서
피어난
광주의 노래

윤이상, 교향시 〈광주여 영원히〉

친구들, 안녕하세요? '음표에 걸린 세계사' 반음표입니다. 오늘이 벌써 마지막 시간이네요. 마지막이라고 생각하니까, 얼마 전에 읽은 알퐁스 도데의 《마지막 수업》이 생각나요. 저도 이렇게 아쉬운데, 그때 학생들은 얼마나 슬펐을까요? 아무리 슬퍼도 마음을 다잡고 마지막까지 열심히 여행을 떠나 볼게요. 오늘도 멋진 곳으로 안내해 주실 엉클 쌤 모셨습니다. 쌤, 어서 오세요.

 안녕하세요? 클래식으로 세계사를! 엉클 쌤입니다. 음표 학생 말을 들으니 나도 좀 서운하네요. 즐거웠던 여행지에서 마지막 밤을 보내는 기분이랄까요?

 지금 방송 듣는 친구들도 댓글로 아쉽다는 글을 올려 주고 있어요. 쌤, 마지막으로 가 볼 곳은 어딘가요?

 마지막 시간이니까 여러 군데로 가 볼까 합니다. 베를린 찍고 서울, 평양, 광주, 통영까지 쭉 달려 보겠습니다.

 우아! 그렇게나 많이요? 누구를 만나는데 그렇게 많은 곳을 가는 거죠?

 지금까지 이런 작곡가는 없었다. 그는 작곡가인가, 투사인가?

 쌤! 정말 왜 그러세요? 재미없다고요.

 이 작곡가가 너무나 위대해서……. 암튼 이분은 자신에게 닥친 역사를 외면하지 않고 맞부딪쳐 가며 치열하게 산 작곡가입니다. 스페인 내전 때 동포들을 구제하기 위해 애썼던 카잘스와 레닌그라드 전투를 직접 겪고 곡을 쓴 쇼스타코비치를 합쳐 놓은 듯하다고나 할까요?

 대체 누구길래 침까지 튀기시면서…….

 바로 한국이 낳은 세계적인 작곡가 윤이상입니다.

 윤이상이요? 안 그래도 우리나라 음악가는 왜 소개를 안 해 주시나, 하고 아쉬운 마음이 들었는데……. 한국 작곡가라니 더 반갑네요. 그런데 저는 윤이상에 대해 들어 본 적이 없는데요?

 아마도 그럴 겁니다. 우리나라보다 유럽에서 더 유명한 작곡가니까요. 생전에 '현존하는 유럽의 5대 작곡가', '20세기 가장 중요한 작곡가 30인'에 뽑혔을 만큼 뛰어난 작곡가죠.

 그 정도로 대단한 작곡가예요?

 동양의 전통 음악 요소를 서양의 기법으로 작곡한 최초의

아시아인으로 평가받고 있
어요. 윤이상은 판소리나 굿
거리, 민요, 종묘 제례악 같
은 우리의 전통 음악적 요소
를 서양의 클래식 작곡법으
로 작곡했거든요. 서양 사람
들에겐 그게 무척 신비롭게
들렸던 것 같습니다.

 음, 무슨 말씀인지 잘 모르겠고요. 그분의 어떤 곡을 소개해
주실 건가요?

 소개하기 전에 퀴즈 하나 풀고 갈까요? 1980년 5월 18일, 군
부 독재에 맞서 민주 항쟁을 벌이다 무고한 시민들이 무참
히 희생당한 도시는 어디일까요? 1번 서울, 2번 부산, 3번 대
구, 4번 광주.

 정답! 4번 광주.

 오! 정답. 우리 학생들도 수업 시간에 많이 들어 본 내용일
겁니다. 1980년 5월, 광주에서 민주화를 요구하던 수많은
광주 시민들이 군인들에게 학살당했죠. 5·18 민주화 운동
이라고 불리는 사건인데요. 당시 독일 베를린에서 작곡가
로 이름을 떨치던 윤이상은 광주의 참상을 보고 〈광주여 영
원히〉라는 곡을 썼습니다. 그 곡에 관한 이야기를 해 보려고

합니다.

그렇군요. 그런데 한국에 있는 음악가도 많았을 텐데, 왜 베를린에 계신 분이 광주에 대한 곡을 쓴 거죠?

좋은 질문입니다. 윤이상은 왜 머나먼 이국땅에서 〈광주여 영원히〉를 쓰게 되었을까요? 제가 그 이유를 밝히기 위해 베를린, 서울, 평양, 광주, 통영을 종횡무진 오가며 윤이상 작곡가의 발자취를 따라가 봤습니다.

알겠습니다. 그럼 이제 윤이상과 5·18 민주화 운동 이야기를 들려주시죠. 친구들, 알죠? 엉클 쌤 시간엔 딴 데 가지 마세용~.

윤이상은 일제 강점기인 1917년에 경남 산청에서 태어나 통영에서 자랐습니다. 베를린에서 작곡가로 활동하면서 동양의 전통을 서양 음악 기법에 담아 《나비 부인의 꿈》, 《심청》 등의 오페라와 〈예약〉, 〈영상〉 등의 곡을 썼습니다. 작곡에만 전념하던 예술가가 왜 〈광주여 영원히〉를 쓰게 되었는지, 지금 만나 보시죠.

집으로 걸려 온 낯선 전화

1967년 6월 어느 날 아침, 베를린에 있는 윤이상의 집으로 전화 한

통이 걸려 옵니다. 처음 듣는 낯선 남자의 목소리였지요. 그는 대뜸 한국에서 대통령의 편지를 가지고 왔으니 직접 찾아가라고 했습니다.

윤이상은 처음에 다른 도시로 회의를 하러 가야 한다며 거절했지만, 그 남자는 정중하면서도 집요하게 찾아와 줄 것을 요구했습니다. 어쩔 수 없이 베를린 시내의 한 호텔로 갔는데, 체구가 건장한 남자들이 윤이상을 맞이했습니다.

"대통령의 편지를 보여 주시오."

윤이상이 이렇게 요구하자 그들은 엉뚱한 대답을 했습니다. 윤이상의 친구인 독일 대사가 그 편지를 가지고 있다나요? 그러면서 대사관이 있는 도시로 가자는 거 있지요? 윤이상은 한사코 거절하다가, 잠시 다녀오면 된다는 말을 믿고 그들을 따라 베를린을 떠났지요.

그런데 윤이상이 도착한 곳은 십 년 전에 떠나온 고국이었습니다.

동백림 사건의 음모

서울에 도착해 끌려간 곳은 지금의 국가 정보원에 해당하는 중앙 정보부 취조실이었습니다. 윤이상은 자기가 왜 간첩을 수사하는 기관에 끌려와 조사를 받아야 하는지 전혀 납득할 수가 없었어요.

수사관들은 밑도 끝도 없이 윤이상에게 간첩 활동을 한 빨갱이라는 사실을 인정하라고 윽박질렀습니다. 한마디로 기가 막힐 노릇이었지요. 독일에서 작곡만 하고 지낸 사람에게 빨갱이라니요.

"사 년 전에 북한에 다녀왔잖아. 그래도 끝까지 부인할 건가?"

그들은 미리 짜맞춰 놓은 간첩단 조직도를 들이밀며 무조건 인정하라고 강요했습니다. 윤이상은 완강히 거부했지만, 그때마다 돌아온 건 혹독한 고문이었어요.

그들은 돼지를 잡을 때처럼 손발을 묶어 거꾸로 매단 다음, 얼굴에 천을 뒤집어씌고서 그 위에다 찬물을 들이부었습니다. 고통을 이기지 못해 기절하면, 의사를 불러서 주사를 놓아 되살리곤 했지요.

그런 상황이 반복되는 동안, 윤이상의 몸과 마음은 끝없이 무너져 내렸습니다. 모진 고문과 수모를 더는 버티지 못하고, 결국에는 그들의 각본대로 진술하고 말았답니다.

그들이 거짓 자백서를 받아 들고 의기양양한 얼굴로 방에서 나가자 윤이상은 유리 재떨이로 자신의 뒤통수를 힘껏 내리쳤어요. 한 번, 두 번, 세 번…… 뒤통수에서 흐르는 피를 손가락에 묻혀 벽에다 이런

글을 남겼지요.

'아빠는 간첩이 아니다.'

그러고는 의식을 잃고 쓰러졌습니다.

고구려 고분 벽화에서 만난 사신도

며칠 뒤 '동백림 간첩단 검거'라는 무시무시한 제목의 기사가 모든 신문의 1면을 장식했습니다. 동백림이란, 독일의 동베를린을 가리키는 말인데요. 동베를린에 있는 예술인과 교수, 학생, 공무원들이 간첩 활동을 했다는 내용이었습니다. 윤이상은 졸지에 간첩죄로 몰려, 1심에서 무기 징역을 선고받고 서대문 형무소에 갇히게 되었습니다. 그런데 윤이상은 정말로 간첩 활동을 했을까요?

몇 년 전에 동베를린에 있는 북한 대사관을 통해 평양을 방문한 적이 있기는 했습니다. 고구려 고분 벽화 속 사신도를 직접 보기 위해서였지요. 사신도는 윤이상에게 무척 중요한 그림이었습니다. 사신도를 벽에 붙여 놓고 매일같이 바라보며, 언젠가 그 이미지를 꼭 음악으로 만들겠다고 다짐하고 있었으니까요.

이런 창작 욕구가 그를 북한으로 이끌었던 거예요. 그리하여 마침내 평양 근교에 있는 강서 고분에서 사신도를 보고 왔답니다. 그런데 그 일로 졸지에 간첩으로 몰려 교도소에 갇히게 되었지요.

　윤이상은 교도소에 있는 동안에도 꿈을 꺾지 않았습니다. 그 안에서 사신도의 이미지를 머릿속에 떠올리며 〈영상〉이라는 곡을 작곡했거든요.

　그 후 서독 정부와 세계적인 음악가들이 한목소리로 윤이상을 석방하라고 한국 정부에 요구했습니다. 대외적인 이미지가 나빠질 것을 우려한 정부는 윤이상을 대통령 특별 사면으로 풀어 준 뒤 서독으로 추방해 버렸지요. 서울에서 있었던 일을 발설하거나 정부를 비판하는 발언을 하면 목숨이 위태로울 수 있다는 협박과 함께요.

십팔 년 동안 독재로 얼룩진 겨울 공화국

윤이상이 독일에서 작곡가로 활동하던 시절, 우리나라는 박정희 대통령이 통치하고 있었어요. 그는 4·19 혁명으로 세워진 민주 정부를 5·16 군사 정변으로 뒤엎고 십팔 년 동안 독재 정치를 했답니다.

박정희는 경제 발전을 위해 자기가 계속 대통령이 되어야 한다며 대통령을 세 번 연임할 수 있도록 헌법을 바꾸었어요. 그것을 비판하자 아예 유신 헌법을 만들어 대통령 직선제를 간접 선거제로 바꾸고, 연임 제한을 없애 죽을 때까지 대통령을 할 수 있도록 했답니다. 사람들은 그런 박정희 독재 시대를 겨울 공화국이라 불렀지요.

겨울 공화국에선 안 되는 게 참 많았어요. 정부를 비판하는 것도 안 되고, 언론이 마음대로 기사를 쓰는 것도 안 되고, 집회를 열거나 단체를 만드는 것도 안 되었거든요. 그러자 사람들은 독재 정치에 더욱

5·16 군사 정변 당시 모습. 가장 왼쪽이 박정희이다.

더 거세게 저항했고, 박정희 정권은 정부를 비판하는 사람들을 무조건 잡아다가 고문하거나 감방에 처넣었어요.

그렇게 민주주의의 싹을 군홧발로 무참하게 짓밟았지만, 언제까지나 그렇게 잔인하고 무도한 권력이 이어질 수는 없었지요. 독재에 항의하는 시위가 부산과 마산에서 들불처럼 타올랐거든요. 그러던 1979년 10월 26일, 그는 자기 부하가 쏜 총에 맞아 죽었어요. 이로써 길고 긴 겨울 공화국이 막을 내리게 되었답니다.

10·26 부마 민주 항쟁 기념탑 ©대한민국역사박물관

박정희 정부 시절의 대한민국은 한강의 기적이라 불리는 경제 발전을 이루었어요. 그래서 박정희가 단지 독재자냐, 아니면 근대화를 이끈 산업화의 아버지냐는 논란이 아직까지도 이어지고 있답니다.

박정희가 죽자 민주화 요구가 빗발쳤어요. 국민들은 이제야말로 민주주의의 꽃이 피어나리라고 기대했지요. 그런데 웬걸, 전두환을 중심으로 한 신군부가 12·12 쿠데타를 일으켜 또다시 국민들의 민주화 열망을 짓밟았답니다. 그것으로 짧았던 '서울의 봄'은 끝이 나고 말았어요.

부당함에 맞선 광주 5·18 민주화 운동

전두환은 계엄령을 전국으로 확대해 모든 시위를 금지했어요. 전국이 쥐 죽은 듯 숨죽여 있을 때, 광주 시민들은 전두환 퇴진과 민주주의 실현을 외치며 시위를 벌였답니다. 전두환은 공수 부대를 투입해 시위를 벌이는 시민들을 마구 때리고, 칼로 찌르고, 총을 쏘아 죽였어요. 사람들은 경악을 금치 못했지요. 국민을 지키라고 있는 군인이 국민한테 함부로 총칼을 휘두르다니요!

분노한 시민들도 총을 들고 맞섰어요. 그 기세에 놀란 공수 부대가 뒤로 주춤 물러나면서 일주일가량 광주는 시민들의 도시가 되는 듯했지요. 그러나 5월 27일 새벽, 공수 부대가 시위대가 점거하고 있는 전남도청을 포위한 채 무차별 총격을 가하는 바람에 열흘간의 항쟁은 막을 내리게 되었어요.

그렇게 광주를 짓밟은 전두환은 체육관에서 치러진 선거를 통해 대통령이 된 후 오 년 동안 무지막지한 독재 정치를 펼쳤습니다.

비록 5·18 민주화 운동은 비참하게 막을 내렸지만, 죽음으로 독재에 저항한 광주의 정신은 민주화 운동의 영양분이 되었어요. 5·18 민주화 운동을 기리는 〈임을 위한 행진곡〉은 전두환 독재 정권 시절 모든 시위 현장에서 애국가처럼 불렸답니다. 해마다 5월이 되면 학생과 시민들은 광주 학살의 책임자를 처벌하라며 시위를 벌였어요. 전두환 정권은 그런 사람들을 무참히 탄압했지요.

5·18 민주화 운동 당시, 광주 시내를 점령한 군인들과 공수 부대에 끌려가는 시민들의 모습 ⓒ5·18기념재단

그러던 1987년, 학생 운동을 하던 대학생 박종철이 경찰에 끌려가 물고문을 당해 숨진 사건이 발생했어요. 분노한 시민들은 고문 책임자를 처벌하라며 정부를 거세게 비판했습니다. 대통령 직선제로 헌법을 바꾸라고 요구했지만, 전두환은 그럴 마음이 전혀 없었지요. 오히려 간접 선거로 대통령을 뽑겠다고 발표를 했답니다.

국민들은 독재 정부를 끝내기 위한 대대적인 저항을 시작했어요. 그렇게 6월 민주 항쟁의 불길이 전국으로 번졌고, 이에 놀란 전두환은 친구이자 후계자인 노태우에게 직선제를 시행하겠다는 6·29 민주화 선언을 발표하게 했답니다.

6월 민주 항쟁의 결과로 대통령을 직접 뽑는 직선제가 시행되어, 지금 우리나라는 민주주의 국가로 자리 잡게 되었어요.

참혹한 학살 속에서 피어난 노래

다시 윤이상의 이야기로 돌아가 볼까요? 1969년에 서독으로 추방된 윤이상은 오래도록 침묵하며 작곡에만 전념했습니다. 그리하여 1972년 뮌헨 올림픽 개막 축전에 오페라 《심청》을 선보였지요. 그러나 계속해서 침묵하고 있기엔 조국의 현실이 너무나 암담했습니다.

먼 이국땅에서 민주주의가 압살당하는 모습을 보다 못해, 마침내 침묵을 깨고 한국의 독재 정치를 신랄하게 비판하며 민주화를 요구하는 목소리를 내기 시작했습니다.

그러던 1980년 5월의 어느 날, 뉴스를 보다 차마 믿을 수 없는 고국의 모습에 얼굴이 절로 일그러지고 말았습니다. 총검으로 무장한 공수 부대원들이 광주 시민들을 무참히 짓밟고, 찌르고, 총으로 쏴 죽이고 있었기 때문이었지요.

윤이상은 참을 수 없는 분노와 슬픔으로 거의 기절할 지경이었어요. 그래서 광주의 모습을 떠올리며 작곡을 하기 시작했습니다. 봉쇄된 도시에서 벌어지는 학살과 공포와 절망을, 그리고 그 아픈 절망을 딛고 일어서는 시민들의 저항과 승리의 모습을 힘차게 그려 나갔답니다. 그렇게 해서 〈광주여 영원히〉가 탄생했지요. 〈광주여 영원히〉는 불의에 저항하는 노래가 되어 오래도록 푸르른 5월의 하늘 위로 널리 널리 울려 퍼졌습니다.

세계 속의 한 인간으로서

그런 사연이 있었군요. 윤이상이 광주에 관한 곡을 쓴 건 단지 1980년 그해에 느낀 감정 때문이 아니라 그 전에 모진 고난을 겪고 조국의 현실에 눈을 뜨면서 빚어진 결과라는 말씀이죠?

그렇습니다. 조용히 작곡에만 전념하던 그가 동백림 사건을 겪은 뒤 현실에 눈을 뜨면서 민주화 운동에 나서게 된 거죠. 그 뒤 〈광주여 영원히〉 같은 곡을 쓰게 되었고요.

동백림 사건은 진짜 간첩단 사건이 맞나요?

아닙니다. 그 사건은 정부를 비판하는 세력을 억압하기 위해 조작된 거예요. 동백림 사건이 있은 지 사십 년이 지나고 나서 2006년에 재조사가 이루어졌는데요. 박정희 정권이 정치적 목적으로 조작한 사건이라는 게 만천하에 드러났죠.

정부가 왜 그런 조작을 한 거죠?

그 사건이 일어나기 전에 국회 의원 선거가 있었는데요. 박정희 정권이 부정 선거를 저질렀다는 의혹이 제기되었어요. 시민들이 부정 선거를 규탄하는 시위를 벌이자, 위기감을 느낀 정부가 간첩단 사건을 조작해서 비판 세력을 억누르려 한 거죠. 지금 간첩들이 나라를 뒤엎으려고 난리인데, 너희가 데모나 하고 있을 때냐, 이런 의미로요.

윤이상이 한국에서 추방될 때 서울에서 있었던 일을 발설하 거나 정부를 비판하는 발언을 하면 목숨이 위태로울 수 있 다는 위협을 받고도 침묵을 깬 사실이 놀라워요. 저 같으면 무서워서 평생 쥐 죽은 듯이 살 것 같은데.

 윤이상은 인터뷰에서 이런 말을 했어요. "작곡가는 예술가 일 뿐만 아니라 세계 속의 한 인간입니다. 나는 한 인간으로 서 결코 이 세계를 무관심하게 바라볼 수 없습니다. 내 음악 을 통해 고통과 부당함을 이야기하고자 합니다." 안 그래도 왜 그런 생각을 하게 되었는지 궁금했는데요. 그가 쓴 책을 보고 조금은 이해가 되었습니다.

양반 신분이었던 아버지는 아무 일도 안 하고 온종일 책만 읽었답니다. 그런데 어느 날 장마로 제방의 둑이 무너지자 책을 덮고 달려가 둑을 쌓는 일을 돕더랍니다. 어린 시절 윤 이상은 그런 아버지를 보고 '아, 위기가 닥치면 만인을 위해 무언가를 해야 하는 거구나.' 하고 생각했다더군요.

 아, 그래서 현실을 외면하지 않고 민주화 운동을 했다는 거 네요.

 맞아요, 민주화 운동뿐만 아니라 통일을 위한 활동도 펼쳤 는데요. 1990년에 평양에서 열린 범민족 통일 음악회를 주 관한 것도 윤이상입니다.

 그렇군요. 지금까지 베를린, 평양, 서울, 광주까지 다 가 봤

는데 아직 통영은 안 간 거 같네요?

 윤이상은 살아생전에는 고향인 통영으로 돌아오지 못했습니다. 북한을 오가며 통일 운동에 매진하는 그를 남한에서 곱게 보지 않았던 탓이죠. 죽을 때까지 고국 땅을 밟지 못하다가 타계한 지 이십삼 년 만인 2018년에야 묘지를 통영으로 옮겼답니다. 그나마 지금은 평가가 제대로 이루어져 윤이상을 기리는 통영 국제 음악제도 열리고 하지만, 한편에선 아직도 '빨갱이'라며 비난하는 사람들도 있어요.

 안타깝네요. 얼른 그런 오해에서 벗어나 고향에서 편히 쉬었으면 좋겠어요. 지금까지 윤이상과 〈광주여 영원히〉에 얽

힌 이야기를 들어 봤습니다. 이제 프로그램을 모두 마쳐야
할 시각입니다. 쌤, 그동안 수고 많으셨는데요. 마지막으로
하고 싶은 이야기가 있으시면 해 주세요.

 지금까지 소개한 곡은 전체 클래식 음악의 백 분의 일도 안
됩니다. 그러니까 다른 곡도 찾아서 들어 봤으면 좋겠고요.
윤이상의 말처럼 작곡가는 시대 속의 한 사람이라는 점, 그
리고 예술은 시대를 반영한다는 사실을 꼭 기억했으면 좋겠
어요.

 네, 알겠습니다. 윤이상의 〈광주여 영원히〉 들으면서 인사
드릴게요. 지금까지 함께해 주서서 고마워요. 안녕~.

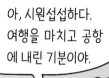

아, 시원섭섭하다. 여행을 마치고 공항에 내린 기분이야.

쌤, 너무 섭섭해하지 마세요. 친구들이 앙코르 방송 한 편만 더 해 달라고 댓글로 난리인데요. 어떡하시겠어요?

정말?

우아! 정말이네? 조회 수 백만 찍고, 우유 빛깔 반음표, 사랑해요 반음표! 난리도 아니구먼. 호호호.

에효, 그런 말이 어디…… 쌤, 어떡해요? 아이템 더 있어요?

딱 하나 있긴 하지. 실은 말이야, 이 곡을 빼놓고 클래식 음악 이야기를 하면 안 되는 곡이 하나 있어.

정말요? 잘됐네요. 그럼 번외편으로 한 번 더 가죠. 음표, 넌 어때?

나도 오케이. 음표는 지지 않아!

9

모든 인류는 한 형제

베토벤, 교향곡 9번 〈합창〉
4악장 '환희의 송가'

친구들, 안녕하세요? '음표에 걸린 세계사' 반음표입니다. 끝이 좋아야 모든 것이 좋다는 독일 속담이 있지요? 여러분의 성원에 힘입어 예정에 없던 번외편을 앙코르 방송으로 전해 드리게 되었는데요. 유종의 미를 거둘 수 있도록 오늘도 최선을 다하겠습니다. 마지막 여행을 안내해 주실 분 모셨습니다. 쌤, 어서 오세요.

 안녕하세요? 클래식 음악으로 세계사를! 엉클 쌤입니다.

 지난 시간에 빼놓으면 말이 안 되는 곡이 있다고 하셨잖아요. 어떤 곡인가요?

 베토벤 교향곡 9번 〈합창〉입니다.

 또 베토벤? 혹시 쌤이랑 같은 집안사람이라고 두 번 소개하시는 거 아녜요?

 베토벤 배 씨요? 그건 아니고요. 앞서 음표 학생이 독일 속

담을 소개해 주셨는데, 독일 속담에 〈합창〉 교향곡을 듣고
도 눈물을 흘리지 않는 사람하곤 밥도 먹지 말라는 말이 있
습니다. 이런 곡을 어떻게 빼놓을 수 있겠습니까?

 그런 속담이 있다고요? 오선지 피디, 팩트 체크 부탁해. 쌤,
독일에 그런 속담은 없다는데요? 농담 그만하시고 얼른 본
론으로 들어가 주시죠.

 흠, 말이 그렇단 얘기지. 음표 학생, 혹시 지난번 베르디 편
에서 〈히브리 노예들의 합창〉 소개할 때, 인류 최고의 합창
곡 얘기하다가 시간 없어서 못 한 거 기억나요?

 기억나는 거 같아요. 〈히브리 노예들의 합창〉을 두 번째로
꼽으셨고, 그렇다면 첫 번째가?

 바로 오늘 소개할 베토벤 교향곡 9번 〈합창〉 4악장에 나오
는 '환희의 송가'입니다.

 그게 그렇게 대단한 곡이에요?

 그럼요, 일단 〈합창〉 교향곡은 악기로만 연주하는 교향곡에
합창을 넣어 교향곡의 역사를 새로 쓴 작품이고요. 앞서 소
개한 곡들이 자유요, 평화요, 독립이요, 통일이요, 모두 훌륭
한 정신을 담고 있습니다만, '환희의 송가' 주제는 그것을 뛰
어넘어 인류 최고의 덕목인 형제애를 노래하는 작품입니다.
그래서 인류 최고의 작품으로 평가받고 있죠.

 이제 〈합창〉 교향곡을 만나러 여행을 떠나야겠군요? 어디로

가나요?

 오스트리아 빈으로 떠나 볼까 합니다.

 또 빈이요? 첫 시간에 다녀왔잖아요.

 빈손으로 왔다가 빈손으로 가는 게 인생이잖아요. 우리가 첫 시간에 빈 손님으로 갔으니, 마지막에도 빈 손님으로 가는 게 좋을 것 같아서.

 아, 마지막까지 엉클 개그를 하시네요. 너무 좋아요. 하하.

 다행입니다. 프로그램을 마칠 때가 되니까 음표 학생이랑 코드가 맞는 것 같군요. 마지막 시간인 만큼 여느 때보다 알차고 재미있게 이야기를 풀어 보도록 하지요.

 좋습니다. 베토벤 소개는 첫 시간에 해 주셨으니까 생략하고요. 〈합창〉교향곡에 관한 이야기 들어 보도록 하죠. 친구들, 마지막 시간까지 딴 데 가지 마세용~.

 베토벤이 왜 〈합창〉교향곡을 작곡했는지, 그 속에 어떤 역사 이야기가 숨겨져 있는지 지금 만나 보시죠.

삼십이 년 만에 완성한 교향곡

〈합창〉교향곡은 베토벤이 작품을 구상한 지 삼십이 년 만에 완성한 곡입니다. 십 대 후반이던 베토벤은 인류애를 노래한 프리드리히 실러의 시 〈환희의 송가〉를 읽고, 그 시의 모든 연에 곡을 붙이겠다고 마음먹었습니다.

그 뒤 머릿속에 〈환희의 송가〉 폴더를 만들어 놓고 이리 굴리고 저리 다듬으며 만들어 간 끝에 마침내 작품을 완성했지요. 말하자면 실러의 시를 〈합창〉 교향곡으로 꽃피운 건데요. 작품 완성에 왜 그토록 오랜 시간이 걸린 걸까요?

거기에는 여러 가지 이유가 있습니다. 어쩌면 마지막 교향곡이 될지도 모른다는 생각에 그 어느 때보다 더 심혈을 기울였거든요. 그때는 청력을 완전히 잃은 상태여서 한 시간이 넘는 대곡을 쓰기가 쉽지 않았어요. 게다가 죽은 동생의 아들 양육권 문제를 두고 동생 부인과 법정 다툼을 벌이느라 몸과 마음이 많이 지쳐 있기도 했지요. 이런저런 시련 속에서도 베토벤은 마지막 힘을 다해 자신의 오랜 구상인 교향곡 〈합창〉을 완성해 내었습니다.

〈합창〉 교향곡은 교향곡 역사에 한 획을 그은 작품입니다. 교향곡에 성악을 넣으려는 시도는 베토벤 이전에 그 누구도 하지 않았지요. 베토벤은 실러의 시를 어떻게든 작품에 넣기 위해 고심했고, 4악장에 합창으로 넣는 실험을 강행했습니다. 그렇게 해서 '환희의 송가'가 포함된 〈합창〉 교향곡이 완성되었어요. 이제 초연만 남은 상황인데, 아쉽게도 거기에 여러 가지 문제가 있었습니다.

환호와 비난이 교차한 초연

〈합창〉 교향곡이 완성될 무렵, 베토벤은 빈이 아닌 베를린에서 초연하려고 마음먹었습니다. 삼십 년 넘게 활동한 고향 같은 빈이 아니고 왜 다른 도시에서 초연을 하려고 했을까요?

그 당시 빈에서는 베토벤처럼 심각한 음악이 아니라 밝고 흥겨운 로시니의 오페라가 인기를 끌고 있었어요. 베토벤은 심혈을 기울여 작곡한 교향곡이 행여나 흥행에 실패할까 봐 빈이 아닌 다른 도시에서 초연할 생각을 했던 것이지요.

이 사실을 안 빈의 귀족과 음악 애호가들은 완전 난리가 났습니다. 음악의 수도인 빈의 자존심이 있지, 어떻게 베토벤처럼 위대한 작곡가가 수십 년 만에 완성한 대작을 다른 도시에서 초연하도록 한단 말입니까?

그들은 베토벤에게 편지 세례를 퍼부었습니다.

"선생님, 안 됩니다, 새 교향곡은 반드시 빈에서 연주해야 합니다!"

이런 간곡한 설득 끝에 베토벤은 〈합창〉 교향곡 초연을 빈의 케른트너 극장에서 하기로 했어요. 그런데 문제는 또 있었습니다.

한 시간이 훌쩍 넘는 긴 연주 시간, 복잡하고 난해한 선율, 인간의 음역을 벗어난 고음 등등. 연주자와 가수들이 이 곡을 소화해 내기가 너무너무 어려웠지요. 가수들은 멜로디가 어렵다며 고쳐 달라고 요구했고, 여가수는 음이 높아 부르기 어려우니 내려 달라고 요구했어요.

자존심 강하고 성격 까칠하기로 소문난 베토벤이 그런 요구를 순순히 들어줄 리가 만무했습니다. 그는 고쳐 달라는 요구를 깡그리 무시했어요. 노래를 못 부르겠다는 가수는 교체를 했고요. 그리하여 마침내 1824년 5월 7일에 역사적인 초연을 하게 되었습니다.

곡에 대한 기대가 워낙 커서 연주회장은 발 디딜 틈조차 없었습니다. 아무것도 듣지 못하는 베토벤은 친구인 움라우프에게 지휘를 맡기고, 자신은 그 옆에서 악보를 보며 중요한 지시를 내리기로 했지요.

3악장이 끝나고 마지막 4악장이 연주되는 시간! 드디어 실러의 시에 곡을 붙인 '환희의 송가'가 울려 퍼지기 시작했습니다. 원래의 시 앞에 베토벤이 가사를 쓴 부분을 남자 가수가 부르기 시작했어요.

"오, 친구여! 그런 곡조 말고 더 즐겁고 기쁨에 찬 노래를 부르세."
그리고 합창이 이어졌지요.

환희여, 신의 아름다운 광채여

낙원의 딸들이여

우리는 빛이 가득한 신전으로 들어가네

가혹한 현실이 갈라놓은 자들을

신비로운 그대의 힘으로 다시 결합시키네

그대의 고요한 날개가 머무는 곳에서

모든 인류는 한 형제가 되네

연주가 끝나자마자 청중들은 모두 자리에서 일어나 열광적으로 박수를 쳤습니다. 소리를 전혀 들을 수 없었던 베토벤은 연주가 끝난 줄도 모른 채 그대로 서 있었지요. 한 여가수가 베토벤의 몸을 관객 쪽으로 돌려세우자, 그제야 열광하는 청중을 향해 고개를 숙였습니다. 연주회장에서는 더욱더 큰 함성이 울려 퍼졌답니다.

그날 연주에 대해 사람들 사이에선 어렵기만 한 졸작이라는 혹평과 "이제 이 이상의 작품은 없다."라는 찬사가 동시에 쏟아졌어요.

역사 속 인류의 〈합창〉

'환희의 송가'는 자유와 평화와 인류애를 노래한 곡입니다. 이런 이유로 베토벤이 살아 있을 때부터 지금까지 역사의 현장에서 자주 연주되어 왔지요.

첫 번째 역사적인 장면은 1936년에 개최된 베를린 올림픽 개막식 현장이었는데요. 히틀러는 독일이 모든 인류를 한 형제로 사랑한다는 것을 선전하기 위해 올림픽 개막식에 중고생 육천 명을 동원한 뒤 '환희의 송가'를 부르게 했습니다. 올림픽 위원장이 히틀러에게 감사 인사를 할 정도로 감동적인 무대였어요.

그러나 히틀러는 삼 년 뒤, 인류 최대의 희생을 낳은 제2차 세계 대전을 일으켰습니다. 올림픽 개막식에서 연주된 '환희의 송가'는 작곡가의 바람과 달리 잘못 사용된 사례였어요. 만약 베토벤이 이 사실을 알았다면 관뚜껑을 열고 나와 히틀러의 콧수염을 뽑아 버렸을지 모르지요. 더 비극적인 건 유대인들이 히틀러가 만든 유대인 수용소의 가스실로 끌려갈 때 흘러나왔던 곡이 바로 '환희의 송가'였다는 사실이에요.

두 번째 역사적인 장면은 베를린 장벽이 무너진 현장에서였습니다. 1989년 11월 9일, 자유화 바람을 타고 동독과 서독을 갈라놓았던 베를린 장벽이 무너졌는데요. 몇 주 뒤인 12월 23일, 베를린 브란덴부르크 문 앞 광장에서 독일 통일을 기원하는 '환희의 송가'가 연주되었습니다.

그날 지휘자 레너드 번스타인은 통일을 넘어 인류의 화합과 평화를 기원하며 노래의 제목을 '자유의 송가'로 바꾸고, '환희'를 '자유'로 바

뛰 부르게 했습니다. 일 년 뒤 독일은 역사적인 통일을 이루었어요. 그때도 〈합창〉 교향곡이 연주되었지요.

세 번째 역사적인 장면은 세계 유일의 분단국가인 대한민국 땅에서 펼쳐졌습니다. 2011년 8월 15일, 북녘땅이 건너다 보이는 파주 임진각에서 〈합창〉 교향곡이 연주되었는데요. 연주에 앞서 지휘자 다니엘 바렌보임은 기자 회견을 열고 "독일이 통일된 것처럼 남북한도 언제가 통일될 것으로 믿는다."라고 심경을 밝혔지요.

그날 연주를 들은 사람들은 '환희의 송가' 가사처럼 하루빨리 남과 북이 한 형제가 되어 우애를 나누기를 간절히 소망했을 겁니다.

자유를 담은 인류 최고의 작품

 창작 동기와 연주 과정이 정말로 역사적이네요.

 그렇습니다. 베토벤은 프랑스 혁명 이전에 이미 자유와 평등을 중요하게 생각했다고 합니다. 그런 이유로 실러의 시를 모티프로 작품을 만들 생각을 하게 된 것이죠.

 그런데 '환희의 송가'를 '자유의 송가'로 막 바꿔 불러도 되는 거예요?

 실러가 처음에 시의 제목을 '자유의 송가'로 했는데, 출판할 때 '환희의 송가'로 바꿨다는 설이 있습니다. 자유라는 말에 알레르기 반응을 일으키는 정부 당국의 검열에 걸릴까 봐 그렇게 고쳤다죠?

 〈합창〉 교향곡은 그 자체로 역사적인 곡이군요?

 그렇습니다. 1985년에는 유럽 연합의 공식 노래로 지정되었어요. 2001년에는 〈합창〉 악보가 유네스코 세계 기록 유산에 등재되었지요. 또 있습니다. 콤팩트디스크 알죠? CD가 처음 만들어질 때 지휘자 헤르베르트 폰 카라얀이 〈합창〉 교향곡 정도는 한 장에 담겨야 한다고 주장해서, CD 길이가 〈합창〉 연주 시간보다 조금 긴 칠십오 분으로 정해졌다고 합니다. 이 곡은 인류 최고의 작품으로 불리는데요. 만약 외계 생명체가 지구에 와서 "너네 무슨 음악 있냐? 하나만 보여 줘 봐." 했을 때, "옜다!" 하고 내놓을 만한 곡이라고나 할까요?

 그 정도예요? 빨리 들어 보고 싶네요. 지금까지 인류애를 노래한 베토벤의 〈합창〉 교향곡 4악장 '환희의 송가'에 관한 이야기를 들어 봤습니다. 그동안 클래식 음악 속에 숨겨진 역사 이야기를 들려주신 쌤께 감사 드리고요. 베토벤의 '환희의 송가' 들으면서 '음표에 걸린 세계사' 모두 마칠게요. 안녕~.

음악은 이해하는 게 아니라 사로잡히는 것이다

몇 년 전 제주도에서 살 때의 일입니다. 어느 날 아침 제주 공항 출국 검색대를 통과하기 위해 줄을 선 채 라디오 채널에서 클래식 음악을 듣고 있었습니다. 곡 해설과 함께 음악을 들려주는 코너가 시작되었지요.

그날 소개한 곡은 차이콥스키의 〈1812년 서곡〉이었습니다.

'이 곡이라면 내가 좀 알지. 1812년에 나폴레옹의 러시아 원정을 주제로 한 곡이잖아. 그 시끌벅적한 곡을 이 고요한 아침에 틀다니!'

이런 생각을 하면서 나는 검색대로 무심히 발걸음을 옮겼습니다. 그러다가 곡 해설을 들려주는 대목에서 걸음을 뚝 멈추었지요.

정확히 기억나지는 않지만 대강 이런 내용이었어요. 러시아가 프랑

스군의 침공을 물리친 이야기가 〈1812년 서곡〉의 기승전결을 이루고 있으며, 프랑스 국가의 선율은 프랑스 군대의 진격을 암시하고, 슬라브풍의 민요 선율은 위기에 처한 러시아 국민이 힘을 모아 프랑스군에 대항하는 모습을 상징한다는 거예요. 두 선율이 맞부딪치는 듯하다가 러시아 선율이 크게 들리는 대목에서는 러시아의 승리를 묘사한 거라고…….

나는 거기까지 듣고는 급히 줄에서 빠져나왔습니다. 그 곡을 지금 당장 듣고 싶었기 때문입니다. 음악을 듣는 내내, 머릿속에 프랑스군과 러시아군의 전투 장면이 생생하게 그려지더군요. 광활한 러시아 평원과 양파를 얹어 놓은 듯한 모스크바 궁전, 그 너머로 교회의 종소리가 울려 퍼지는 것 같았답니다. 예전부터 알고 있던 곡이었는데, 그날 들은 〈1812년 서곡〉은 전혀 새로운 느낌으로 다가왔습니다.

'아, 이래서 아는 만큼 들린다고 하는 거구나. 삼십 년 넘게 클래식 음악을 들었으면서 그동안 대체 뭘 들은 거야?'

작곡가는 참 대단한 사람들인 것 같습니다. 소설가는 자기가 하고 싶은 이야기를 글로 표현하면 됩니다. 화가는 그림으로 보여 주면 되고요. 그런데 클래식 음악 작곡가는 오선지에 음표를 그려서 이야기를 풀어내야 합니다.

밤하늘의 빛나는 별, 광활한 우주, 사랑의 기쁨, 이별의 슬픔, 사계절의 변화, 꽃이 피고 새가 우는 아침 풍경, 바다의 고요함, 인간의 희

로애락, 우주와 자연, 인간의 감정 등을 음표, 즉 '콩나물 대가리' 하나로 표현해 내는 것입니다.

이 책에 소개한 클래식 음악 중에는 역사를 주제로 한 곡이 많습니다. 따라서 그 곡들은 혁명과 전쟁, 자유와 평화를 노래한 서사시인 동시에 음표로 써 내려 간 한 편의 역사책이라 할 수 있습니다.

모든 작곡가가 그런 건 아닐 테지만, 여기 소개한 작곡가들은 이상하리만치 공통적으로 시대에 무감각하지 않았습니다. 조국의 고통과 민중의 애환을 악보 속에 섬세하게 그려냈지요. '작곡가는 예술가이기 전에 시대 속의 한 인간으로서, 자기가 사는 세계를 그저 무관심하게 바라볼 수 없었던' 것입니다.

〈1812년 서곡〉의 작곡 배경에 대해 듣고 난 뒤 그 곡이 새롭게 들린 건 맞지만, 나는 '아는 만큼 보인다.'라는 말을 좋아하진 않습니다. 작곡의 배경을 몰라도, 곡의 주제를 몰라도 음악이 좋으면 그냥 좋은 거니까요. "음악은 이해하는 게 아니라 사로잡히는 것"이라고 한 단테의 말처럼 말입니다.

이 책이 나오기까지 아낌없는 조언과 응원을 보내 준 제주 친구 영이에게 고마움을 전합니다.

2024년 8월

이광희

《베토벤 심포니》, 루이스 록우드, 바다출판사

《베토벤, 그 삶과 음악》, 제레미 시프먼, 포노

《베토벤》, 최은규, 아르테

《난처한 클래식 수업 2-베토벤, 불멸의 환희》, 민은기, 사회평론

《차이콥스키》, 정준호, 아르테

《클래식, 낭만시대와의 만남》, 데이비드 맥클리리, 포노

《쇼팽을 찾아서》, 알프레드 코르토, 포노

《내 친구 쇼팽》, 프란츠 리스트, 포노

《쇼팽》, 카미유 부르니켈, 중앙일보사

《베르디 오페라》, 박종호, 풍월당

《베르디 오페라, 이탈리아를 노래하다》, 전수연, 책세상

《프라하가 사랑한 천재들》, 조성관, 열대림

《The great composers 10》, 한국일보타임라이프 편집부, 한국일보타임라이프

《첼리스트 카잘스, 나의 기쁨과 슬픔》, 파블로 카잘스, 앨버트 칸, 한길아트

《쇼스타코비치는 어떻게 내 정신을 바꾸었는가》, 스티븐 존슨, 풍월당

《죽은 자들의 도시를 위한 교향곡》, M. T. 앤더슨, 돌베개

《증언-쇼스타코비치 회고록》, 쇼스타코비치, 솔로몬 볼코프, 온다프레스

《윤이상 경계선상의 음악》, 윤신향, 한길사

《윤이상, 상처 입은 용》, 윤이상, 루이제 린저, 알에이치코리아

《내 남편 윤이상》, 이수자, 창비

음표에 걸린 **세계사**

첫판 1쇄 펴낸날 2024년 8월 30일

지은이 이광희 **그린이** 박우희
발행인 조한나
주니어 본부장 박창희
편집 박진홍 정예림 강민영
디자인 전윤정 김혜은
마케팅 김인진
회계 양여진 김주연

펴낸곳 (주)도서출판 푸른숲
출판등록 2003년 12월 17일 제2003-000032호
주소 경기도 파주시 심학산로 10, 우편번호 10881
전화 031) 955-9010 **팩스** 031) 955-9009
인스타그램 @psoopjr **이메일** psoopjr@prunsoop.co.kr
홈페이지 www.prunsoop.co.kr

ⓒ 이광희·박우희, 2024
ISBN 979-11-7254-509-3 44900
     978-89-7184-390-1 (세트)